Polina Sorel

GESCHICHTEN AUS DER SCHACHTEL

Рассказы из коробки

33
einfache russische Lesetexte
mit Wortschatz

 RUSSISCH UND RUSSLAND VON A BIS Z

Bibliografische Information der Deutschen Nationalbibliothek. Die Deutsche Nationalbibliothek verzeichnet diese Publikation in der Deutschen Nationalbibliografie; detaillierte bibliografische Daten sind im Internet über http://dnb.d-nb.de abrufbar.

Weitere Erläuterungen, Hintergrundinformationen und MP3-Aufnahmen auf der Seite der Autorin unter http://www.russian-online.net

Herstellung und Verlag: Books on Demand GmbH, Norderstedt

ISBN 978-3-8391-8580-3

Lektorat: Ekaterina L. Kudrjavceva, Olga Stepanova, Robin Pfeifer
Umschlaggestaltung, Buchgestaltung: Valentyna Ivashchenko

Содержание   Inhalt

Alles Wesentliche auf einen Blick:

- ✓ 33 kurze Originalgeschichten, vielseitige Themen
- ✓ moderne Sprache, interessante Redewendungen, nützliche Umgangsformen
- ✓ die Themen sind für den Russischanfängerunterricht optimiert

- ✓ Betonungsangaben
- ✓ Glossar
- ✓ Wortschatzkästchen für schnelle Wiederholung der Themen
- ✓ Illustrationen für besseres Textverständnis

Zum kostenlosen Download auf **http://www.russian-online.net/geschichten:**

- ✓ Arbeitsblätter (für die Selbstkontrolle und den Einsatz während des Russischunterrichts)
- ✓ MP3- Aufnahmen (als Lesekontrolle, aber auch als Hörverständnisübungen)
- ✓ weiterführende Hintergrundinformationen (Geschichte, berühmte Persönlichkeiten aus Russland, Kultur, Leben in Russland)

Einleitung

Die Texte in diesem Buch sind in moderner Sprache geschrieben und sind sowohl für Anfänger als auch für Fortgeschrittene geeignet. Die kurzen Geschichten sollte man systematisch in der vorgegebenen Reihenfolge lesen. Der Schwierigkeitsgrad steigt nur leicht, jedoch werden die in den ersten Geschichten angebotenen Übersetzungen nicht mehr wiederholt.

Die wichtigsten Wörter zum Textverständnis finden Sie immer rechts im Glossar. Und so können Sie am besten mit diesem Buch arbeiten:

- Lesen Sie den Text auf der linken Seite. Achten Sie auf die **Betonung**.

- Überlegen Sie sich, ob Sie den Text verstanden haben. Warum heißt das Kapitel so?

- Die Wörter zum Text aus dem **Glossar**, die sich auf der rechten Seite befinden, werden Ihnen helfen, den Text besser zu verstehen.

- Die Wörter aus dem **Memory-Kästchen** helfen Ihnen nebenbei, Ihren **Wortschatz** zum aktuellen Thema oder zu anderen Themen zu erweitern. Manche Kästchen beinhalten interessante Redensarten und Ausdrücke aus der russischen Umgangssprache.
  Decken Sie eine Seite in dem Memory-Kästchen ab und versuchen Sie, alle Wörter zu übersetzen. Die Wörter aus den Memory-Kästchen bieten gute Inhalte für Ihre Lernkarteien.

- Auch die Bilder im Buch sind dafür da, das Lernen effektiver zu gestalten. Benutzen Sie die Wörter aus dem Text und die Wörter rechts, um die Bilder auf Russisch zu beschreiben.

- Benutzen Sie die **MP3-Aufnahmen auf www.russian-online.net/geschichten,** um ihre Aussprache zu kontrollieren bzw. um ihr Hörverständnis zu üben. (s. weitere Tipps auf der Seite)

- Auf der Seite **www.russian-online.net/geschichten** finden Sie auch **Arbeitsblätter** mit Fragen zur Kontrolle des Textverständnisses, sowie Übungen, Tests und Aufgaben zu den Wörtern und Ausdrücken aus dem Text.

Hinweise zur Betonung im Russischen

Die Wortbetonung wird in russischen Texten in der Regel nicht gekennzeichnet, meistens nur in einschlägigen Wörter- und Lehrbüchern und in Büchern für Kinder. Die betonten Vokale werden durch ein dem französischen Accent Aigu ähnliches Zeichen markiert, z.B. ó – окнó. In den Wörtern mit ё wird keine Betonung angezeigt, da im Russischen dieser Vokal immer betont ist.

Коробка

В одно́м до́ме живёт коро́бка. Коро́бка огро́мная. Она́ не зна́ет, кака́я у неё длина́, ширина́ и высота́. Но она́ зна́ет, что она́ о́чень больша́я. И о́чень ста́рая.

Коро́бка стои́т в углу́ на чердаке́ двухэта́жного до́ма. Она́ перее́хала в Герма́нию де́сять лет наза́д вме́сте с семьёй инжене́ра Никола́ева из Росси́и. По кра́йней ме́ре, она́ слы́шала, что тепе́рь она́ живёт в Герма́нии. Но сама́ она́ в э́том не о́чень уве́рена.

До перее́зда коро́бка жила́ в го́роде Петербу́рге на у́лице Кла́ры Це́ткин*. И страна́ называ́лась «Росси́я». И всё вокру́г говори́ли по-ру́сски. А тепе́рь она́ прожива́ет в го́роде Ми́рове** на у́лице Ю́рия Гага́рина***. И страна́ называ́ется «Герма́ния». Здесь все говоря́т по-неме́цки. Коро́бка совсе́м запу́талась.

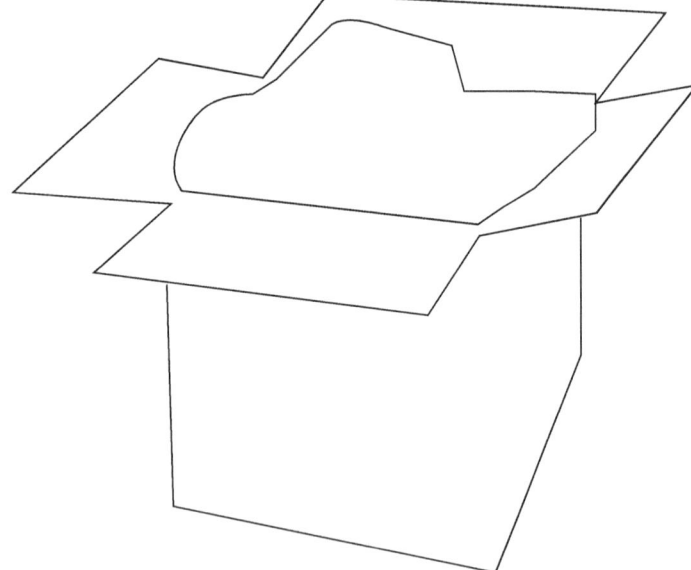

---

*   Clara Zetkin – deutsche Politikerin und Frauenrechtlerin.
**   Миров klingt wie ein russisches Wort „мир" – Frieden.
*** Yuri Gagarin – der russische Kosmonaut, der erste Mensch im All.

Glossar

коро́бка – Schachtel, Karton
огро́мный – riesig
знать – wissen
черда́к – Dachboden
двухэта́жный – zweigeschossig
перее́хать – umziehen
по кра́йней ме́ре – wenigstens, zumindest
сама́ – selbst
не о́чень уве́рена – ist nicht ganz sicher
перее́зд – Umzug
прожива́ть – wohnen
называ́ться – heißen
совсе́м – ganz
запу́таться – verwirrt sein
мир – Frieden

Größen – размеры:
длина́ – Länge
ширина́ – Breite
высота́ – Höhe
глубина́ – Tiefe
объём – Volumen

большо́й – groß
ма́ленький – klein
ста́рый – alt
но́вый – neu

по-ру́сски – auf Russisch
по-неме́цки – auf Deutsch

– Где Вы живёте? Wo wohnen Sie?
– Я живу́ на у́лице Ми́ра. Ich wohne in der Friedensstraße.

– Где ты живёшь? Wo wohnst du?
– Я живу́ в Берли́не. Ich wohne in Berlin.

перее́хать → перее́зд – umziehen → Umzug

Я совсе́м запу́тался (запу́талась). – Ich bin ganz verwirrt.

Я в э́том не о́чень уве́рен(а). – Ich bin mir nicht ganz sicher.

Гарик

Ра́ньше коро́бка принадлежа́ла ма́ленькому ма́льчику по и́мени Игорь. Но все называ́ли его* Га́риком.

Сего́дня Игорь – студе́нт. Он у́чится в университе́те и́мени Гумбо́льдта в Берли́не, на фи́зико-математи́ческом факульте́те. Игорь изуча́ет информа́тику. Он хо́чет стать программи́стом.

Игорь зна́ет о компью́тере всё. Что тако́е монито́р. Что тако́е жёсткий диск. Как писа́ть програ́ммы. Как рабо́тает Интерне́т.

А о коро́бке он совсе́м забы́л. Но коро́бка не чу́вствует себя́ одино́кой. В ней храни́тся мно́го интере́сных веще́й, кото́рые расска́зывают ей ка́ждый день ра́зные исто́рии.

*ero wird [iwo] gelesen

Glossar

ра́ньше – früher
принадлежа́ть – gehören
изуча́ть – studieren
совсе́м – ganz
забы́ть – vergessen
чу́вствовать [tschjustwawat'] – fühlen
храни́ться – aufbewahrt werden
ве́щи – Sachen, Dinge
ка́ждый день – jeden Tag

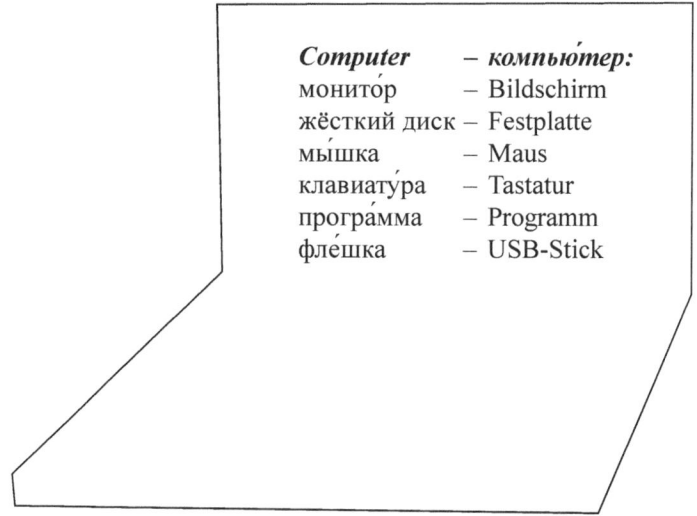

Computer – *компью́тер:*
монито́р – Bildschirm
жёсткий диск – Festplatte
мы́шка – Maus
клавиату́ра – Tastatur
програ́мма – Programm
фле́шка – USB-Stick

Как **рабо́тает** интернет? - Wie **funktioniert** das Internet.

Я не чу́вствую себя́ одино́ким (одино́кой). – Ich fühle mich nicht einsam.

учи́ться... – studieren ...
... в университе́те – ... an der Universität
... на филологи́ческом факульте́те – ... Philologie

Плюшевый заяц

Са́мый большо́й друг коро́бки – се́рый плю́шевый за́яц. Он живёт в ней очень давно́.

За́яц посели́лся в коро́бке, когда́ она была́ совсем молодо́й. Серый заяц – ма́ленький и то́лстый. У него* дли́нные у́ши, два ма́леньких гла́за и смешно́й чёрный нос. У за́йца четы́ре ла́пы. Он де́ржит в них морко́вку.

За́яц весь се́рый, а ла́пы у него си́ние. Это ма́ленький Игорь (тогда́ ещё Га́рик) покра́сил их в синий цвет. Соверше́нно случа́йно, коне́чно.

* у него wird als [uniwo] gelesen

Glossar

плю́шевый заяц – Plüschhase
посели́ться – einziehen
ла́пы – Pfoten
тогда́ ещё – damals noch
покра́сить – einfärben

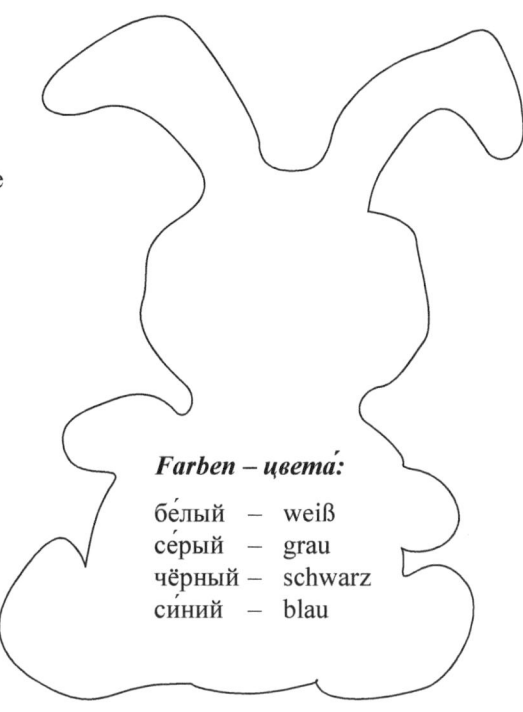

Farben – цвета́:

бе́лый – weiß
се́рый – grau
чёрный – schwarz
си́ний – blau

молодо́й – jung
ста́рый – alt

то́лстый – dick
то́нкий – dünn, schlank

дли́нный – lang
смешно́й – lustig

у меня есть – ich habe
у тебя есть – du hast
у него есть – er hat
у неё есть – sie hat
у нас есть – wir haben
у вас есть – ihr habt
(у Вас есть – Sie haben)
у них есть – sie haben

Соверше́нно случа́йно, коне́чно. – Rein zufällig, natürlich.

Пейзаж

В де́тстве И́горь мечта́л стать худо́жником. Он люби́л рисова́ть.

Га́рик о́чень мно́го рисова́л. А се́рый за́яц всегда́ сиде́л ря́дом. Он наблюда́л за Га́риком.

Га́рик рисова́л приро́ду: зелёный лес, жёлтое со́лнце*, голубо́е не́бо, бе́лые облака́, кори́чневые го́ры. Карти́на, на кото́рой нарисо́вана приро́да, называ́ется «пейза́ж».

Одна́жды Га́рик захоте́л нарисова́ть морско́й пейза́ж. Мо́ре, во́лны, бе́рег и со́лнце уже́ бы́ли гото́вы. Как вдруг – шлёп... И за́яц упа́л пря́мо в мо́ре. Точне́е, на мо́ре, кото́рое бы́ло нарисо́вано на карти́нке. Си́няя кра́ска не успе́ла вы́сохнуть да так и оста́лась у него́ на ла́пах.

* со́лнце wird gesprochen als [ssonze]

Glossar

в де́тстве – als Kind
мечта́ть – träumen
наблюда́ть – beobachten
нарисо́ван – (ist) gemalt
одна́жды – eines Tages
гото́в – fertig
упа́сть – fallen
пря́мо – direkt
точне́е – genauer (gesagt)
кра́ска – Malfarbe
не успе́ла вы́сохнуть – noch nicht trocken geworden
да так и – und so
оста́ться – bleiben
на ла́пах – auf den Pfoten

Natur	– *приро́да:*
лес	– Wald
со́лнце	– Sonne
не́бо	– Himmel
о́блако (Pl. облака́)	– Wolke
гора́ (Pl. го́ры)	– Berg
мо́ре (Pl. моря́)	– See, Meer
волна́ (Pl. во́лны)	– Welle

Farben	–	*цвета́:*
зелёный	–	grün
жёлтый	–	gelb
голубо́й	–	hellblau
кори́чневый	–	braun
кра́сный	–	rot

пейза́ж	– Landschaft
натюрмо́рт	– Stillleben
портре́т	– Porträt

рисова́ть → нарисо́ван – malen → (ist) gemalt

Я люблю́ рисова́ть. – Ich male gern.

Цирк на Цветном бульваре

В коробке лежа́т биле́ты в цирк и зоопа́рк. Э́то Га́рик оста́вил их себе́ на па́мять. Одна́жды он пое́хал с роди́телями в Москву́. И они́ пошли́ вме́сте в Ста́рый Цирк на Цветно́м бульва́ре. Э́то оди́н из старе́йших ци́рков Росси́и. Он появи́лся ещё в девятна́дцатом ве́ке.

Бульва́р, кста́ти, оказа́лся совсе́м не цветны́м. То́лько по́зже Га́рик узна́л, что его́ так называ́ют, потому́ что сто лет наза́д на нём был цвето́чный ры́нок*. Да и цирк оказа́лся совсе́м не ста́рым, а о́чень совреме́нным. С но́выми костю́мами и декора́циями. Там игра́ла совреме́нная му́зыка.

Га́рику бы́ло в ци́рке о́чень интере́сно. На аре́не выступа́ли львы, слоны́, по́ни и говоря́щие попуга́и. Но Га́рику бо́льше всего́ понра́вились кло́уны и фо́кусники. Кло́уны бы́ли о́чень смешны́ми, а фо́кусники о́чень зага́дочными. Они́ снача́ла глота́ли ша́рики, а пото́м находи́ли их у зри́телей. Все бы́ли в восто́рге. И Га́рик то́же.

* цветно́й – bunt – kommt von цвет (Farbe)
  цвето́чный – Blumen- – kommt von цвето́к (Blume)

Glossar

на па́мять – zur Erinnerung
оста́вить – behalten
цветно́й – bunt
оди́н из старе́йших – einer der ältesten
появи́лся – (entstand) hier: wurde gebaut
в девятна́дцатом ве́ке – im 19. Jahrhundert
узна́ть – lernen, herausfinden
цвето́чный ры́нок – Blumenmarkt
совреме́нный – modern
говоря́щий – sprechender
зага́дочный – rätselhaft
снача́ла – zuerst
глота́ть – schlucken
находи́ть – finden
быть в восто́рге – begeistert sein

билет в (Akk.) ... –	Karte in(s) ...
... теа́тр	– ... Theater
... кино́	– ... Kino
... музе́й	– ... Museum
... зоопа́рк	– ... Zoo

Zirkus	– цирк:
аре́на	– Manege
костю́м	– Kostüm
декора́ции	– Bühnenbilder
му́зыка	– Musik
кло́ун	– Clown
фо́кусник	– Zauberkünstler
зри́тель	– Zuschauer

Tiere	– живо́тные:
лев (Pl. львы)	– Löwe
слон	– Elefant
по́ни (wird nicht dekliniert)	– Pony
попуга́й	– Papagei

снача́ла → пото́м	– zuerst → danach

15

В зоопарке

А на сле́дующий день Га́рик с роди́телями ходи́л в Моско́в=
ский зоопа́рк. В нём нахо́дится бо́лее ты́сячи ра́зных живо́тных:
бе́лые медве́ди, слоны́, ти́гры, обезья́ны, во́лки, ли́сы, жира́фы,
крокоди́лы, дельфи́ны.

В огро́мном аква́риуме пла́вают ра́зные ры́бы. А в терра́риуме
лежа́т ядови́тые зме́и и черепа́хи.

В зоопа́рке есть и дома́шние живо́тные: о́вцы, коро́вы,
ло́шади, кро́лики, морски́е сви́нки.

А ещё Га́рик уви́дел мно́го птиц, о кото́рых ра́ньше то́лько
чита́л в кни́жках. А́исты, журавли́, со́вы, я́стребы, орлы́ – то́же
жи́тели Моско́вского зоопа́рка.

Сего́дня Га́рик пло́хо по́мнит э́тот похо́д в зоопа́рк. Он ча́сто
хо́дит в зоопа́рк в Берли́не. Он был в зоопа́рке в Ганно́вере и во
Фра́нкфурте, в Га́мбурге и в Кёльне. А о своём пе́рвом похо́де в
зоопа́рк в Москве́ он почти́ забы́л. То́лько ма́ленькие биле́ты в
коро́бке на чердаке́ напомина́ют ему́ об э́тих днях.

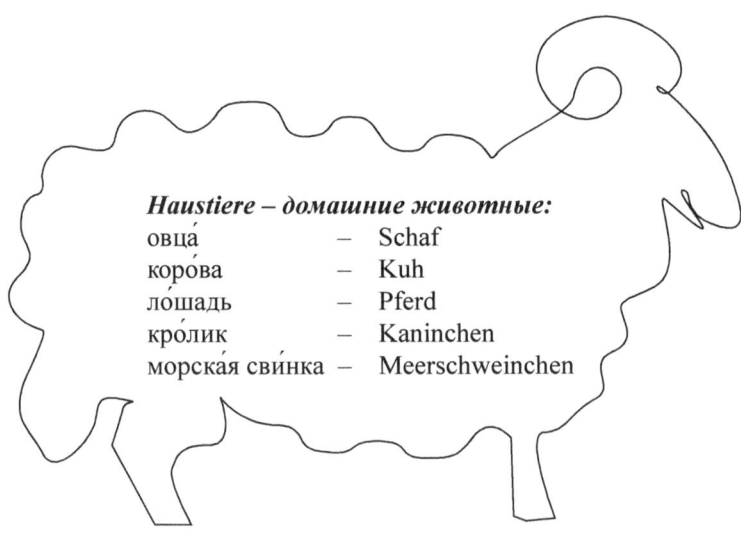

Haustiere – домашние животные:

овца́	– Schaf
коро́ва	– Kuh
ло́шадь	– Pferd
кро́лик	– Kaninchen
морска́я сви́нка	– Meerschweinchen

Glossar

на сле́дующий день – am nächsten Tag
находи́ться – sich befinden
бо́лее ты́сячи – mehr als ein Tausend
то́лько – nur
ядови́тый – giftig
жи́тель – Einwohner
пло́хо по́мнить – sich kaum erinnern
похо́д – hier: Ausflug
напомина́ть – erinnern

Wildtiere –
        дикие живо́тные:

медве́дь – Bär
лиса́ – Fuchs
волк – Wolf
за́яц – Hase
обезья́на – Affe

Vögel – *пти́цы:*
а́ист – Storch
жура́вль – Kranich
сова́ – Eule
я́стреб – Habicht
орёл – Adler

рыба – Fisch
змея́ – Schlange
черепа́ха – Schildkröte

В зоопа́рке есть дома́шние живо́тные. – Im Zoo gibt es Haustiere.

ходи́ть (в + *Akk.*) – gehen (in +*Akk.*)
похо́д (в + *Akk.*) – Ausflug (in + *Akk.*)

wo? (Dat.) – *где? (Präp.)*
в зоопа́рке – im Zoo
в кле́тке – im Käfig
в аква́риуме – im Aquarium

Стол

Среди́ про́чих вещей́ в коробке лежит и кусо́чек но́жки от стола́. Коробке эта вещь очень близка́. Ведь это ножка именно от того́ стола, под которым коробка стояла в Петербурге много лет тому́ назад. Семья Николаевых жила́ тогда в двухкомнатной квартире недалеко́ от центра. Квартира была очень маленькой. Но после коммуна́лки*, в которой они жили до этого, она им каза́лась огромной.

В коммуналке семья Николаевых жила в одной комнате. А рядом в других комнатах жили другие семьи. У всех была о́бщая кухня и общий коридо́р, общая ванная комната и общий туалет. Потом семья Николаевых переехала в отде́льную двух-комнатную квартиру.

В новой квартире семьи Николаевых было две комнаты. Ко-ридор, туалет, ванная и кухня принадлежа́ли только семье Ни-колаевых. В одной комнате жили родители. В другой – Гарик.

В детской комнате были стол, стул, большая кровать и шкаф. Стол стоял в углу у окна. Над ним висе́ла широ́кая книжная по́лка. На полке стояли толстые книги. Гарик часто сидел за столом, рисовал или читал. На столе стояла старая лампа, а под столом – коробка. Это была та самая коробка, что живёт сегод-ня на чердаке в городе Мирове в Германии.

Wohnung	*– кварти́ра:*
коридо́р	– Flur
туале́т	– Toilette
ва́нная	– Badezimmer
ку́хня	– Küche
де́тская ко́мната	– Kinderzimmer
спа́льня	– Schlafzimmer

* коммуналка = коммунальная квартира = Wohngemeinschaft für mehrere Familien

Glossar

среди́ про́чих веще́й – unter anderen Sachen
кусо́чек – Stückchen
но́жка стола́ – Tischbein
бли́зкий – nah
и́менно – genau
мно́го лет тому́ наза́д – vor vielen Jahren
двухко́мнатная кварти́ра – Zweizimmerwohnung
по́сле – danach, nach dem
каза́ться – scheinen
сиде́ть за столо́м – am Tisch sitzen
черда́к – Dachboden

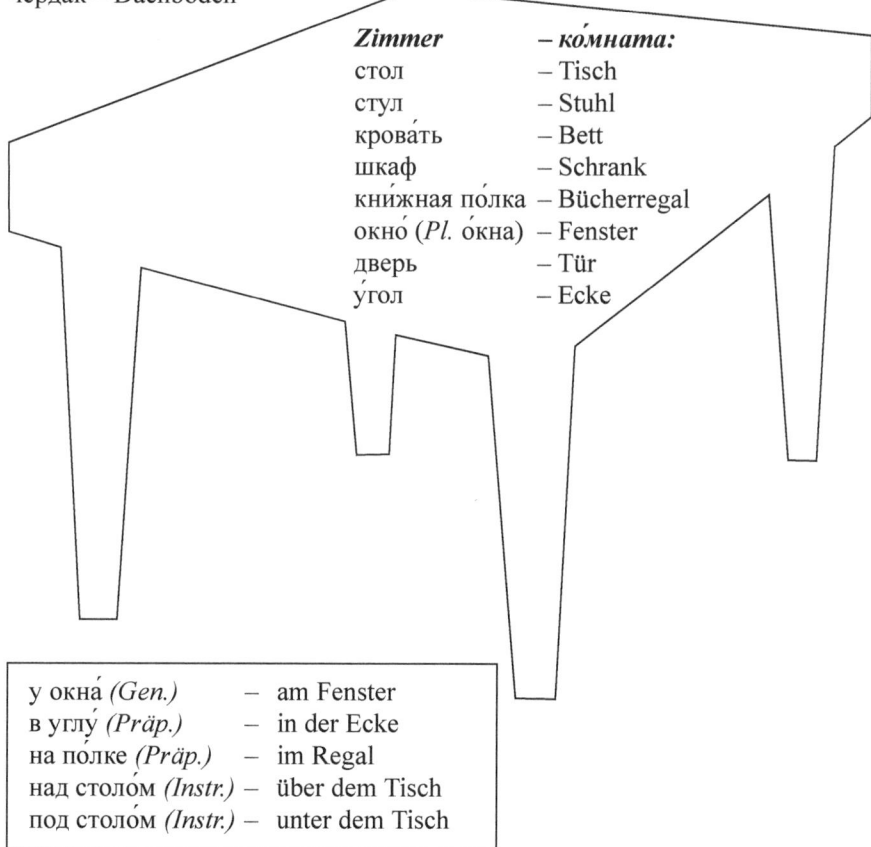

Zimmer – *ко́мната:*
стол – Tisch
стул – Stuhl
крова́ть – Bett
шкаф – Schrank
кни́жная по́лка – Bücherregal
окно́ (*Pl.* о́кна) – Fenster
дверь – Tür
у́гол – Ecke

у окна́ *(Gen.)* – am Fenster
в углу́ *(Präp.)* – in der Ecke
на по́лке *(Präp.)* – im Regal
над столо́м *(Instr.)* – über dem Tisch
под столо́м *(Instr.)* – unter dem Tisch

Записка

«Гарик, я тИбя люблю! ТвАя Н.*», – напи́сано на лист-
ке́ бума́ги, который лежит в коробке. Всегда, когда коробка
перечи́тывает эту запи́ску, она удивля́ется: «Ну кака́я же девочка могла́ полюбить нашего Гарика?!» Коробка так никогда и не
узнала её по́лного имени.

Сегодня Гарик уже не маленький мальчик, а молодой мужчи-
на, Игорь Николаев. Значит и эта Н. уже не маленькая девочка,
а девушка. И она уже наверняка́ знает, как правильно писать
слова́ «ТЕБЯ» и «ТВОЯ».

А может быть эта девочка – Анастаси́я* Волочко́ва**? Коробка часто слышала это имя по телевизору, который работал в
комнате под чердаком. И знала, что Анастасия тоже родилась в
Петербурге, как и Гарик.

*   Kleine Kinder schreiben oft so, wie sie sprechen.
**   Anastasia Wolotschkowa – berühmte russische Baletttänzerin
*** Eine Kurzform des Namen Anastassia im Russischen ist Nastja, deswegen
     steht im Zettel „N" und die Schachtel vermutet, dass es um Anastasia geht.

Glossar

напи́сано – ist geschrieben
листо́к бума́ги – Blatt Papier
перечи́тывать – noch mal lesen
запи́ска – Zettel
удивля́ться – sich wundern
полюби́ть – sich verlieben
по́лное и́мя – voller Name
наверняка́ – bestimmt
пра́вильно – richtig
мо́жет быть – es kann sein

Я тебя́ люблю́! – Ich liebe dich!

Где ты роди́лся (родила́сь)? – Wo bist du geboren?
Я роди́лся (родила́сь) в Берли́не. – Ich bin in Berlin geboren.

наве́рное – wahrscheinlich
наверняка́ – bestimmt

ма́льчик – Junge
молодо́й мужчи́на – junger Mann

де́вочка – Mädchen
де́вушка – junge Frau

Город Петра

Хотя́ нет, и Гарик, и Анастасия родили́сь в Ленингра́де*, а потом уже этот город переименова́ли в Петербург. Гарик и его родители называют же этот город «Пи́тером**».

Коробке очень нравится, что она приехала из города, у которого так много названий. Это так загадочно! А Миров*** всегда был и остаётся Мировым. Если бы коробка могла, она бы назвала город «Фриден», а потом опять «Миров», и снова «Фриден», и вновь «Миров». Зачем? Просто так, так веселе́е.

А ещё коробке нравится, что она приехала из бы́вшей столицы России. Да, Петербург являлся раньше столицей и был назван в честь великого русского царя Петра Первого****. В Петербурге можно и сегодня посети́ть дворцы́, где жили цари́ и цари́цы.

*   Leningrad – der ehemalige Name von St. Petersburg.
**   Piter – so liebevoll bezeichnen die Petersburger ihre Stadt.
***   Mirow klingt wie russisches Wort „мир“ – Frieden.
**** Peter der Große – russischer Zar, der Gründer von St. Petersburg.

Glossar

страна́ – Land
столи́ца – Hauptstadt
го́род – Stadt
село́ – Dorf
дере́вня – kleines Dorf

хотя́ – obwohl
переименова́ть в – umbenennen in
называ́ть – nennen
прие́хать из – kommen aus
так – so
назва́ние – Name, Bezeichnung
зага́дочно – rätselhaft
е́сли бы коробка могла́ – wenn die Schachtel könnte
про́сто так – einfach so
веселе́е – lustiger
бы́вший – ehemalig
столи́ца – Hauptstadt
явля́лся ра́ньше – früher war
был на́зван в честь – wurde benannt nach
вели́кий – groß
посети́ть – besuchen
дворе́ц – Palast

Sehenswürdigkeiten	–	*достопримеча́тельности:*
дворе́ц	–	Palast
за́мок	–	Schloss
собо́р	–	Dom
це́рковь	–	Kirche
кре́пость	–	Festung, Burg
ба́шня	–	Turm

называ́ть → назва́ние – (be)nennen → Bezeichnung (Name)

всегда́ был и остаётся – immer war und bleibt

Е́сли бы я мог (могла́) … – Wenn ich könnte …

Царский двор

Иногда́ коробка ду́мает даже, не живёт ли она в семье, кото-
рая служи́ла царя́м. Может быть, во́все не случайно их фамилия
«Николаевы»? Ведь последнего русского царя зва́ли Николай.
И жена его была́ из Германии. Вообще́, почти у всех русских
царей были жёны-немки. Самая известная из них, Екатерина
Вторая, правила бо́лее тридцати́ лет в России.

«Так вот», – представля́ет себе коробка, – «Прапрадедуш-
ка Гарика – конечно, генерал. Высокий, с уса́ми, в краси́вой
форме. Подхо́дит он к царю и спрашивает: «Как дела, Ваше
Вели́чество?» «Хорошо, спасибо!», – отвечает ему царь.

А прапрабабушка Гарика, стро́йная дама в длинном платье,
подходит к царице и говорит: «Guten Morgen, Eure Majestät!».
«Доброе утро́», – отвечает царица, которая у́чится говорить по-
русски.

Конечно, вряд ли семья Гарика могла иметь к этому какое-то
отноше́ние. Но коробка любит помечта́ть.

Glossar

иногда́ – manchmal
да́же – sogar
ли – ob
служи́ть – dienen
во́все не случа́йно – gar nicht zufällig
ведь – doch
вообще́ – im allgemeinen
почти́ – fast
не́мка – die Deutsche
са́мая изве́стная из них [iswessnaja] – die bekannteste von ihnen
пра́вить – regieren
так вот – also
представля́ть себе́ – sich vorstellen
прапраде́душка – Ururgroßvater
с уса́ми – mit dem Schnurrbart
подходи́ть к – näher kommen zu, sich nähern
стро́йная да́ма – schlanke Dame
вряд ли – kaum
помечта́ть – ein bisschen träumen

ру́сский – Russisch
по-ру́сски – auf Russisch

ру́сский – der Russe
ру́сская – die Russin

неме́цкий – Deutsch
по-неме́цки – auf Deutsch

не́мец – der Deutsche
не́мка – die Deutsche

– Как дела́?	– Wie geht es?
– Хорошо́, спаси́бо. А у тебя́?	– Gut, danke! Und dir?
– То́же хорошо́.	– Auch gut.

До́брое у́тро! – Guten Morgen!
До́брый день! – Guten Tag!
До́брый ве́чер! – Guten Abend!

Оно́ вряд ли име́ет к э́тому како́е-то отноше́ние. – Es hat wahrscheinlich nichts damit zu tun.

Семейная фотография

На са́мом деле, коробка никогда не видела прапрабабушек и прапрадедушек Гарика. Но она знает его близких ро́дственников. В коробке хранится одна семейная фотография. Семья Николаевых держит все фотографии в альбоме. А эта случайно попа́ла в коробку.

На фотографии – вся семья Николаевых. Впереди сидят маленький Гарик, его папа и мама. Рядом с папой сидит брат папы с женой. Это дядя и тётя Гарика. У них двое детей. Две девочки. Они близнецы. Это двою́родные сёстры Гарика. Гарик ча́сто играл вместе с ними. А сзади стоят два пожилы́х человека. Это бабушка и дедушка Гарика и двух девочек-близнецов.

Коробка видела их всех, когда ещё жила в Петербурге под столом. Вся семья часто собиралась вместе на выходны́е. Они пили чай, разговаривали, играли в настольные игры, смотрели телевизор и много смеялись.

Glossar

на са́мом де́ле – in Wirklichkeit
бли́зкие ро́дственники – nahe Verwandte
случа́йно – zufällig
попа́сть – geraten
ря́дом (с) – neben
близнецы́ – Zwillinge
двою́родная сестра́ – Cousine
пожило́й челове́к – älterer Mensch
собира́ться вме́сте – sich miteinander treffen
насто́льные и́гры – Tischspiele

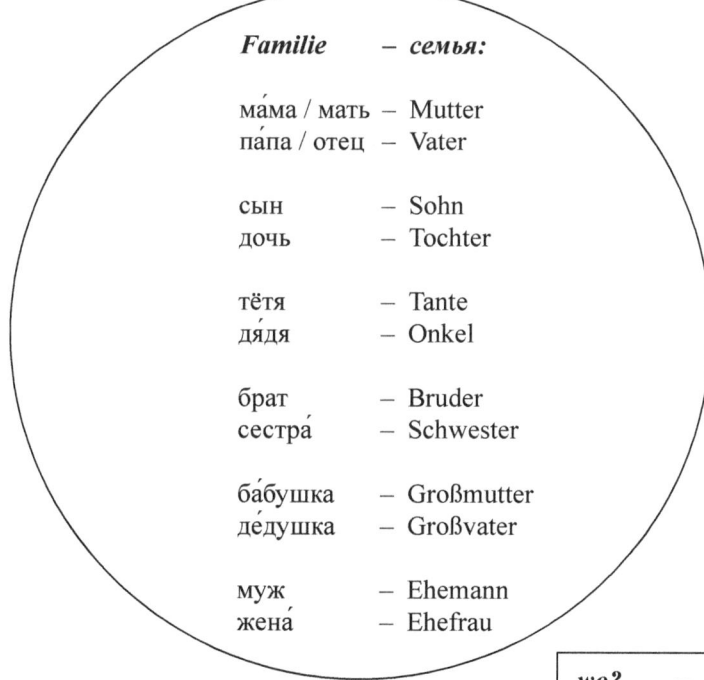

Familie – *семья:*

ма́ма / мать – Mutter
па́па / отец – Vater

сын – Sohn
дочь – Tochter

тётя – Tante
дя́дя – Onkel

брат – Bruder
сестра́ – Schwester

ба́бушка – Großmutter
де́душка – Großvater

муж – Ehemann
жена́ – Ehefrau

wo? – *где?*
впереди́ – vorne
сза́ди – hinten
спра́ва – rechts
сле́ва – links

ребёнок → де́ти – Kind → Kinder

Детский врач

Ещё коробка знает, что мама Гарика – врач. Детский врач или педиа́тр. Она работала в поликли́нике в Петербурге. А сейчас она работает в больнице в городе Мирове.

Коробка слышала много раз, как маме Гарика звоня́т по телефону и про́сят помо́чь. Мама Гарика спрашивает: «Температура есть?», «А кашель?», «У неё болит живот? А голова?» «Горло красное?».

А потом говорит: «Не пережива́йте, это насморк. Скоро пройдёт». или «Нет, это не грипп, это ангина. Она должна принимать таблетки три раза в день», «Эти лекарства можно купить в аптеке. Приходи́те завтра, я вам выпишу рецепт».

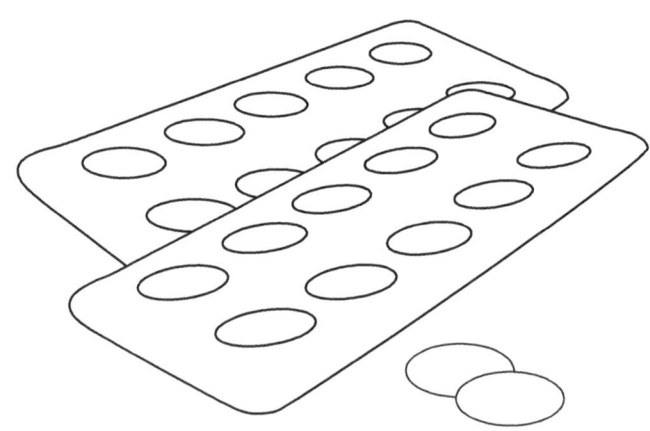

Glossar

педиа́тр – Kinderarzt
поликли́ника – Poliklinik
больни́ца – Krankenhaus
звони́ть по телефо́ну – anrufen
проси́ть помо́чь – um Hilfe bitten
ско́ро пройдёт – es geht bald vorbei
принима́ть табле́тки – Tabletten nehmen
лека́рства – Arzneimittel
вы́писать реце́пт – Rezept ausstellen

У меня́ …	– Ich habe …
… ка́шель	– … Husten
… на́сморк	– … Schnupfen
… температу́ра	– … Fieber

У меня́ боли́т …	– Ich habe …
… живо́т	– … Bauchschmerzen
… спина́	– … Rückenschmerzen
… го́рло	– … Halsschmerzen
… голова́	– … Kopfschmerzen

Приходи́те за́втра! – Kommen Sie morgen!

Не пережива́йте! – Machen Sie sich keine Sorgen!

Телефон

Коробка не то́лько знает, как выглядит телефон, но и умеет им по́льзоваться. Ведь он лежит в ней очень давно. Это не мобильный телефон и не телефон с переносно́й трубкой. У него даже нет кно́пок. Это чёрный аппарат с круглым ди́ском. На диске десять отверстий. В каждом отверстии написана цифра: один, два, три, четыре, пять, шесть, семь, восемь, девять и ноль.

Чтобы набра́ть, например, номер телефона 78–23–65* надо вста́вить па́лец в отверстие с цифрой 7 и поверну́ть диск по часово́й стрелке. «Дрррр...». Потом вынуть палец, и диск сам вернётся на ме́сто. Так же нужно набрать все остальные цифры. После этого станет слышен гудок. Если гудок короткий, значит за́нято.

Если гудок длинный, значит сейчас возьму́т трубку. Вы смогли дозвони́ться!

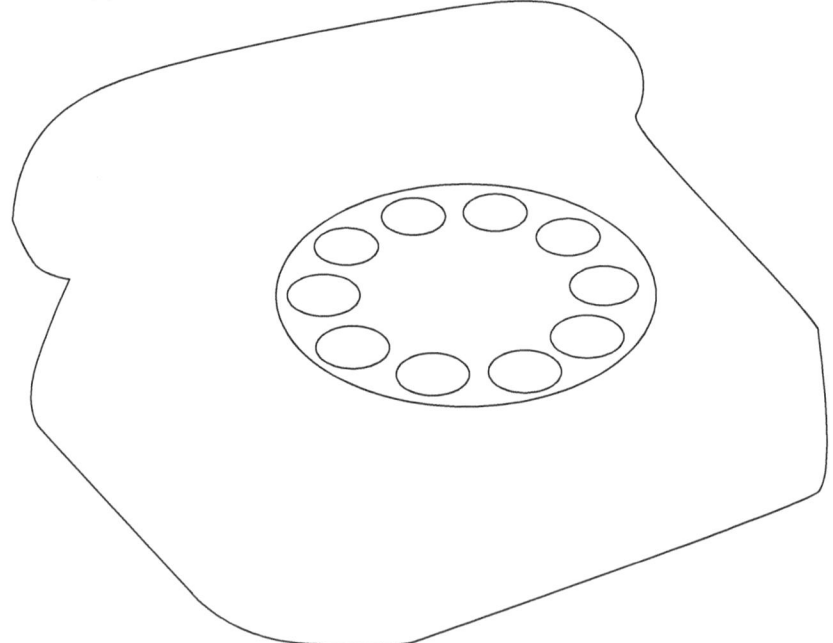

* In Russland wird die Telefonnummer wie oben genannt und aufgeschrieben.

Glossar

вы́глядеть – aussehen
по́льзоваться – benutzen
о́чень давно́ – seit langem
телефо́н с переносно́й тру́бкой – schnurloses Telefon
кно́пка – Taste
кру́глый – rund
отве́рстие – Loch, Lücke
набра́ть но́мер телефо́на – Telefonnummer wählen
наприме́р – zum Beispiel
на́до – man muss
вста́вить – reinstecken
поверну́ть – drehen
по часово́й стре́лке – im Uhrzeigersinn
вы́нуть – rausnehmen
сам – allein, selber
верну́ться – zurückkehren
на ме́сто – auf seinen Platz
так же – genauso
остальны́е – die restlichen
ста́нет слы́шен – man hört
гудо́к – Signal
зна́чит – das bedeutet
за́нято – es ist besetzt
дозвони́ться – telefonisch erreichen, durchkommen

0 – ноль
1 – оди́н
2 – два
3 – три
4 – четы́ре
5 – пять
6 – шесть
7 – семь
8 – во́семь
9 – де́вять

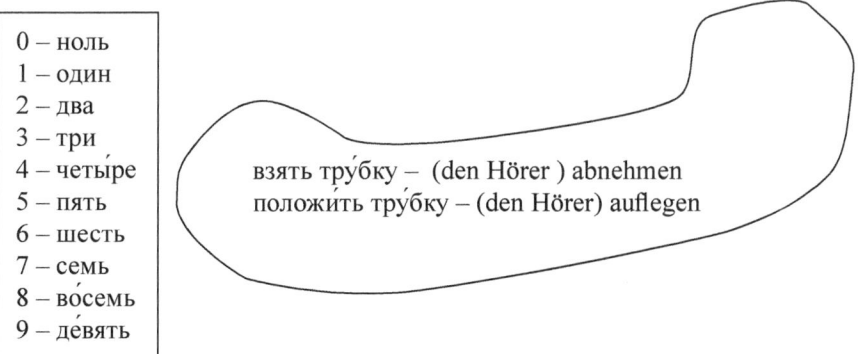

взять тру́бку – (den Hörer) abnehmen
положи́ть тру́бку – (den Hörer) auflegen

Антиквариат

Коробка много раз слышала, как разгова́ривают по телефо́ну. Например, Гарик звонит своей однокласснице и говорит: «Здравствуйте, позовите, пожалуйста, Лену.» А его спрашивают: «Кто звони́т?» А Гарик отвечает: «Это я, Гарик, из 3-Б*.» «Её нет дома. Перезвони попо́зже!» «Спасибо, до свидания!», – отвечает Гарик и кладёт трубку. Через час Гарик перезва́нивает снова. Лена подходит к телефону. Гарик кричит: «Ленка**–дура!» и бросает трубку.

«Ну, хочешь сказать Ленке, что она дура, – включи компью́тер, войди в Интернет и напиши ей электронное письмо.*** И не надо ждать целый час. Ленка придёт домой и сразу прочитает, что она дура. Или отправь ей СМС сообщение», – думает коробка и не понимает, почему родители Игоря привезли с собой этот телефон. Но она наде́ется, что они хотят продать его как стари́нную вещь на аукционе. Вдруг он стоит миллион долларов? Тогда коробка – не просто храни́тельница старых вещей, а настоящий швейцарский банк. Швейцарский – потому что надёжный.

---

*   3-Б – Klassenbezeichnung. Die Parallelklassen werden in der russischen wie auch in der deutschen Schule nach Buchstaben genannt: 3A, 3B, 3C.

**   Mit dem Suffix –к– kann man Namen im Russischen bilden, wobei die Kurzformen mit Suffix -k bei manchen Namen freundlich klingen können, bei anderen dagegen beleidigend.

*** Das Internet ist, wie auch Mobiltelefone, in Russland erst ab Anfang des 21. Jahrhunderts allgemein zugänglich geworden. Und in der Zeit, welche die Schachtel beschreibt, war noch kein Internet oder SMS vorstellbar.

Glossar

одноклáссница – Klassenkameradin
попóзже – ein wenig später
перезвáнивать – wieder anrufen
снóва – noch ein mal
дýра – Dummkopf (weiblich)
цéлый час – ganze Stunde
узнáть – erfahren
привезти́ с собóй – mitbringen
надéяться – hoffen
продáть – verkaufen
стари́нная вещь – antiker Gegenstand
вдруг – hier: vielleicht
тогдá – dann
не прóсто – nicht einfach
храни́тельница – Bewahrerin
настоя́щий – echt
надёжный – zuverlässig

– Здрáвствуйте, позови́те, пожáлуйста, Лéну.
– Hallo, kann ich bitte Lena sprechen?
– Кто звони́т (говори́т)? – Wer ist am Apparat?

– Это я, Игорь.   – Das bin ich, Igor.

– Её нет. Перезвони́ попóзже.
– Sie ist nicht da. Ruf später noch einmal an.

– Спаси́бо, до свидáния!
– Danke, auf Wiederhören!

напримéр – zum Beispiel

Часы

В коробке вообще-то уже есть ко́е-что швейцарское. Ну, например, часы. Правда, они стоя́т, но если их завести́, они пойдут. Часы принадлежали бабушке Гарика.

У часов есть белый циферблат, на котором нарисо́вано двенадцать чёрточек. Они обозначают часы и минуты. Ещё у них есть две стрелки, большая и маленькая. Большая стрелка показывает минуты. Маленькая – часы. Когда две стрелки вместе смотрят наве́рх – это значит двенадцать часов, т.е полдень или полночь. Если маленькая стрелка смотрит направо, то это три часа, если налево – девять.

«Который час?» – спрашивает коробка у часов. «Половина пятого», – отвечают часы. «А сейчас сколько времени?» – спрашивает опять коробка. «Без двадцати семь.» «А сейчас?» «Четверть десятого. Пора́ идти спать.»

Glossar

уже́ – schon
кое-что швейца́рское – etwas Schweizerisches
пра́вда – hier: ehrlich gesagt
принадлежа́ть – gehören
нарисо́вано – gezeichnet
чёрточка – Strich
обознача́ть – bedeuten
стре́лка – Zeiger
пока́зывать – zeigen
зна́чить – bedeuten
пора́ – (es ist) Zeit

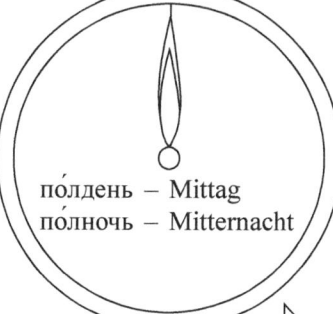

по́лдень – Mittag
по́лночь – Mitternacht

Richtungen (wohin?) – направления (куда?)

вниз   –   nach unten
наве́рх   –   nach oben
напра́во   –   nach rechts
нале́во   –   nach links

Wie spät ist es? – Кото́рый час? о. Ско́лько вре́мени?
Пять часо́в. – Es ist 5 Uhr.
Че́тверть шесто́го. – Es ist Viertel nach fünf.
Полови́на шесто́го. – Es ist halb sechs.
Без че́тверти шесть. – Es ist Viertel vor sechs.

часы́ (immer Plural) – die Uhr
час → часы́   – eine Stunde → die Stunden

часы́ стоя́т   – die Uhr geht nicht
часы́ иду́т   – die Uhr geht
часы́ отстаю́т   – die Uhr geht nach
часы́ спеша́т   – die Uhr geht vor
завести́ часы́   – die Uhr aufziehen

В этом челове́ке есть что-то ру́сское. – In diesem Menschen gibt's etwas von einem Russen.

вообще́-то – eigentlich   Это зна́чит... – Das bedeutet …

Пора́ идти́ спать. – Es ist Zeit schlafen zu gehen.

Календарики

Коробка вообще хорошо разбира́ется во вре́мени. Во-первых, в ней лежат ма́ленькие календа́рики. Гарик когда-то коллекциони́ровал их. Потом он стал собирать марки. Потом монеты из разных стран. Ни одна коллекция полностью не сохранилась. Но кое-что осталось в коробке. Например, календарики.

Поэтому коробка знает, что в году двенадцать месяцев. В месяце четыре недели. А в неделе семь дней. Дни недели называются: понедельник, вторник, среда, четверг, пятница. Почти как числа: второй, четвёртый, пятый.

Но больше всего коробке нравятся суббота и воскресенье, потому что они выделены красным цве́том. Их, вроде бы, называют «выходны́ми»*. Но коробка не понимает, – почему. Семья Николаевых на выходные никуда не выходит. Это к ним приходят гости. Может быть, суббота и воскресенье – «приходны́е»*?

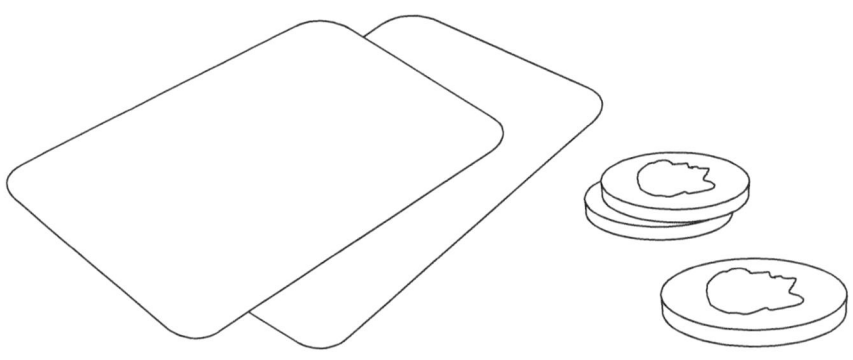

---

* Das russische Wort fürs Wochenende «выходные» stammt von «выходить» – ausgehen.
Nach der Logik der Schachtel könnte Samstag und Sonntag dann «приходные» heißen, vom Wort «приходить» – kommen, besuchen kommen.

Glossar

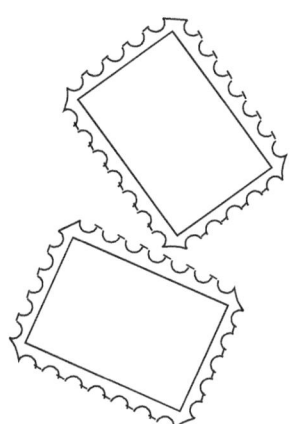

хорошо́ разбира́ться – sich gut auskennen
во-пе́рвых – erstens
календа́рик – (Taschen)kalender
коллекциони́ровать – sammeln
ма́рка – Briefmarke
моне́та – Münze
из ра́зных стран – aus verschiedenen Ländern
ни одна́ – keine einzige
по́лностью – komplett
сохрани́ться – erhalten bleiben
ко́е-что́ – etwas
оста́лось – ist geblieben
вы́делен – (ist) markiert
вро́де бы – angeblich
выходны́е – Wochenende
мо́жет быть – vielleicht

Ordnungszahlen:
1. пе́рвый
2. второ́й
3. тре́тий
4. четвёртый
5. пя́тый

неде́ля	–	Woche
понеде́льник	–	Montag
вто́рник	–	Dienstag
среда́	–	Mittwoch
четве́рг	–	Donnerstag
пя́тница	–	Freitag
суббо́та	–	Samstag
воскресе́нье	–	Sonntag

во-пе́рвых	–	erstens
во-вторы́х	–	zweitens
во-тре́тьих	–	drittens

Я хорошо́ разбира́юсь в исто́рии (*Präp.*). – Ich kenne mich in Geschichte gut aus.

Музыка

А о времена́х го́да коробка зна́ет всё из пласти́нок и кассе́т с му́зыкой Петра́ Ильича́ Чайко́вского*. Пласти́нки – это таки́е чёрные диски, на которых запи́сана музыка и которые слушают только на проигрывателе для пласти́нок. А кассета – это такая пло́ская коробочка с коричневой плёнкой, которую вставляют в магнитофон. Раньше их собирали родители Гарика.

Сегодня музыку на пластинки и кассеты уже никто не запи́сывает и их никто не слушает. Родители Гарика вообще слуша́ют музыку теперь только по радио.

А Гарик «качает» и записывает музыку на... Коробка никак не может вспомнить это слово. Она даже не уверена, правильно ли она расслы́шала, что Гарик «качает» музыку**. Вот если бы он качал воду или нефть, всё было бы понятно. А музыку...

Но это нева́жно. Важно то, что коробка может наслажда́ться музыкой с пластинок и кассет це́лыми днями.

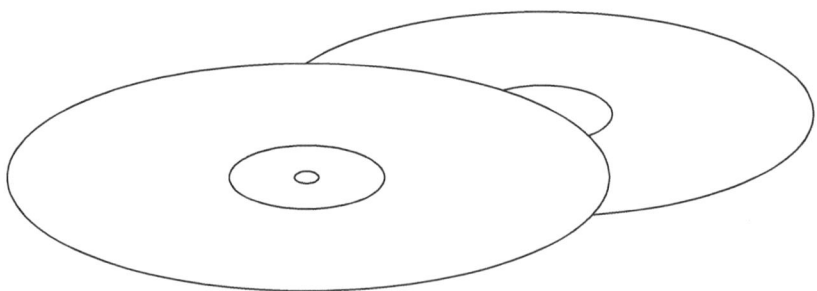

* Pjotr Iljitsch Tschaikowski – einer der bekanntesten russischen Kompo-
    nisten
** Das Wort «качать» in der Bedeutung „aus dem Internet runterladen" ist relativ
    neu im Russischen. Die erste Bedeutung des Wortes «качать» ist „pumpen".

Glossar

времена́ го́да – Jahreszeiten
пласти́нка – Schallplatte
прои́грыватель – Plattenspieler (Player)
плёнка – hier: Band (Tonband)
вставля́ть – reinstecken
магнитофо́н – Kassettenrekorder
ра́ньше – früher
никто́ – niemand
запи́сывать – aufnehmen, aufzeichnen
вообще́ – im Allgemeinen
тепе́рь – jetzt
то́лько – nur
кача́ть – herunterladen
кача́ть нефть – Öl pumpen
всё бы бы́ло бы поня́тно – alles wäre klar
наслажда́ться – genießen
це́лыми дня́ми – tagelang

слу́шать (прослу́шивать) му́зыку на *(Präp.)* ... –	Musik vom ... hören
... компью́тере –	... Computer ...
... прои́грывателе МР3 –	... MP3 Player ...
... музыка́льном це́нтре –	... Hi-Fi-Anlage ...

му́зыку запи́сывать на *(Akk.)* ... –	Musik auf ... aufnehmen
... диск –	... Disk, Disc (hier: CD-Rohling)
... кассе́ту –	... Kassette

Всё поня́тно. –	Alles klar.

Это нева́жно. –	Das ist nicht wichtig.
Ва́жно то, что ... –	Wichtig ist, dass ...

Времена года

Вот оркестр играет «Январь» Чайковского*. Медленная плавная мелодия пронза́ет ду́шу коробки, вызывает у неё приятные воспоминания о её молодости. Переносит её в зимний лес, укрытый белым пушистым снегом. А вот «Февраль. Масленица**». На душе стано́вится весело и радостно.

За зимой приходит весна. Март. Поёт жа́воронок. Та́ет снег. На деревьях появляются листочки. Апрель – звени́т капе́ль***...

Наступает лето. Небо голубое. Ярко светит солнце. Август – время собирать урожай...

Уны́лая осень. Красные и жёлтые листья падают с деревьев и шурша́т свою проща́льную песню. Птицы улетают на юг. Идёт дождь. И вот опять зима. Декабрь. Рождество. «Пам-пам-пам»...

---

* Eines der bekanntesten Klavierwerke von Pjotr Iljitsch Tschaikowski heißt „Jahreszeiten". Es besteht aus zwölf Stücken, wobei jedes Klavierstück nach einem Monat benannt ist.

** Масленица – Butterwoche – russisches Volksfest ähnlich dem Karneval bzw. Fasching.

*** So beschreibt man im übertragenen Sinne das Tauwetter auf Russisch.

год – Jahr
времена́ го́да – Jahreszeiten
ме́сяц – Monat

Glossar

ме́дленный – langsam
пла́вный – fließend
пронза́ть ду́шу – die Seele berühren
вызыва́ть воспомина́ния – Erinnerungen wecken
прия́тный – angenehm
мо́лодость – Jugend
переноси́ть – hier: versetzen
лес – Wald
укры́тый – bedeckt
пуши́стый – hier: weich, flockig
на душе́ – auf dem Herzen
станови́ться – werden
ра́достно – fröhlich
жа́воронок – Lerche
листо́чки – Blättchen
звене́ть – klingen
капе́ль – Tauwetter
я́ркий – hell
урожа́й – Ernte
уны́лый – trübe
шурша́ть – rascheln
проща́льная пе́сня – Abschiedslied
улета́ть – wegfliegen

зима́	– Winter
дека́брь	– Dezember
янва́рь	– Januar
февра́ль	– Februar
весна́	– Frühling
март	– März
апре́ль	– April
май	– Mai
ле́то	– Sommer
ию́нь	– Juni
ию́ль	– Juli
а́вгуст	– August
о́сень	– Herbst
сентя́брь	– September
октя́брь	– Oktober
ноя́брь	– November

Feiertage – пра́здники:

Но́вый год – Silvester
Рождество́ – Weihnachten
Ма́сленица – Butterwoche
             (Karneval in Russland)
Па́сха – Ostern

***

Ещё интереснее ста́ло слушать «Времена года» Чайковского с тех пор, как коробка оказа́лась в доме в городе Мирове. Ведь теперь из маленького окна на чердаке коробка видит своими глаза́ми всё, что происхо́дит вокруг.

Зима. Падает снег. Маленькие снежинки кружа́тся в возду́хе и летят вниз. Иногда окно замерза́ет. На нём рисует свои узо́ры мороз. С крыш домов свиса́ют сосульки. Они похожи на шишки, только изо льда́. Коробка знает, что их по-немецки так и называют – «ледяные шишки». А вот русские – странные люди! Сосать сосульки – нельзя, но зачем же их тогда называть «сосульками»*?

Когда на улице идёт снег, коробка слышит, как дети кричат: «Идём кататься на коньках!» или «Давай играть в снежки!». Зимние месяцы – декабрь, январь и февраль. Декабрь год конча́ет – январь начина́ет.

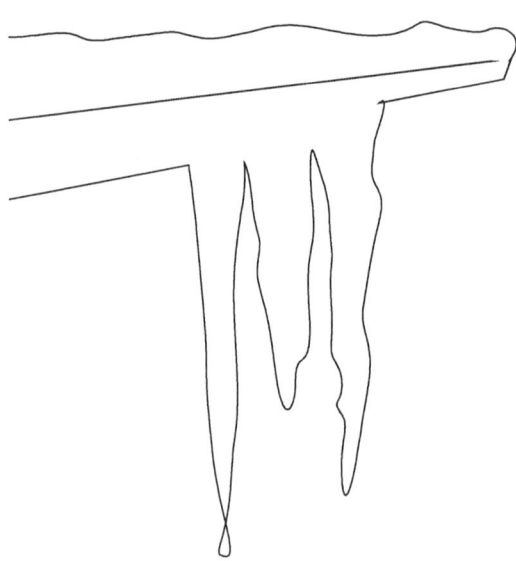

* Das russische Wort für „Eiszapfen" – „сосулька" stammt von «сосать» – lutschen.

Glossar

ещё интере́снее – noch interessanter
с тех пор, как – seitdem
оказа́ться – hingeraten
ведь – doch
тепе́рь – jetzt
ви́деть свои́ми глаза́ми – mit eigenen Augen sehen
происходи́ть – passieren
вокру́г – ringsherum
кружи́ться – sich drehen
в во́здухе – in der Luft
лете́ть вниз – nach unten fliegen
замерза́ть – einfrieren
узо́ры – Muster (hier: Eisblumen)
кры́ша – Dach
свиса́ть – hängen
похо́ж(а) на – sieht aus wie (ähnelt)
ши́шка – Zapfen
то́лько – nur
изо льда́ – aus Eis
стра́нные лю́ди – komische Menschen
соса́ть – lutschen
нельзя́ – man darf nicht
заче́м – wofür (hier: warum)

лёд   – Eis
ледяно́й – Eis-
сосу́лька – Eiszapfen

снег   – Schnee
снежи́нки – Schneeflocken
снежки́   – Schneebälle
снегови́к – Schneemann

моро́з   – Frost
заморо́зить – gefrieren lassen
замёрзнуть – zufrieren

ката́ться на конька́х – Schlittschuh laufen
ката́ться на лы́жах – Skilaufen
ката́ться на са́нках – rodeln

Идём ката́ться на конька́х! – Komm, lass uns Schlittschuh laufen!
Дава́й игра́ть в снежки́! – Lass uns eine Schneeballschlacht machen!

На даче

Любимое время года коробки – лето. На улице стано́вится очень жарко. Но зелёные листья на деревьях броса́ют тень на чердак. Раньше семья Николаевых уезжа́ла летом на дачу. А теперь они е́здят каждое лето на море. В доме становится тихо.

На даче Николаевых коробка никогда не быва́ла. Но она слы́шала, что у них там был огоро́д. На огороде росла́ картошка, лук, огурцы и помидоры. На деревьях росли́ яблоки и груши. Родители Гарика ездили на дачу собирать урожа́й. Из яблок и груш они делали сладкое варе́нье. А огурцы и помидоры закру́чивали в банки. Это называлось – солить огурцы и помидоры на зиму.

Рядом с дачей был лес. Семья Николаевых ходила в лес собирать грибы и я́годы. В лесу было много-много ягод: черни́ка, земляни́ка, мали́на.

А ещё коробка слышала, что Николаевы собирались на даче с друзьями и готовили шашлыки́*. Шашлык – это мясо на желе́зной палочке. Очень вку́сно, по крайней мере, так утвержда́л даже маленький Гарик.

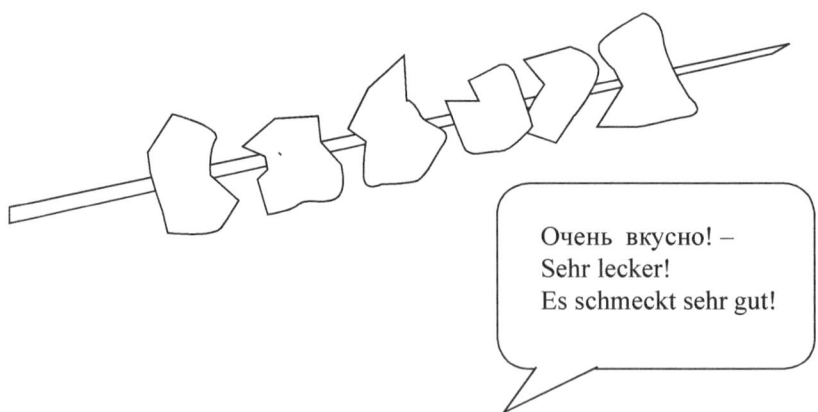

Очень вкусно! –
Sehr lecker!
Es schmeckt sehr gut!

* In Russland grillt man statt Würstchen üblicherweise Schaschlik – marinierte
Fleischspieße.

Glossar

люби́мое – Lieblings-
на у́лице – draußen
станови́ться – werden
броса́ть – werfen
тень – Schatten
уезжа́ть – wegfahren
быва́ть – öfters irgendwo sein
огоро́д – Gemüsegarten
расти́ (*Vergangenheit:* он рос, она росла́, они росли́) – wachsen
урожа́й – Ernte
варе́нье – Konfitüre
закру́чивать в ба́нках – hier: einlegen
это называ́лось – das hieß
соли́ть – hier: einlegen
грибы́ – Pilze
я́годы – Beeren
гото́вить – zubereiten
мя́со на па́лочке – Fleisch auf dem Spieß
вку́сно – (es) schmeckt
по-кра́йней ме́ре – wenigstens
утвержда́ть – behaupten
да́же – sogar

я́годы	– **Beeren**
клубни́ка	– Erdbeere
черни́ка	– Heidelbeere
земляни́ка	– Walderdbeere
мали́на	– Himbeere

в саду́	– **im Garten**
я́блоко	– Apfel
гру́ша	– Birne
пе́рсик	– Pfirsich
сли́ва	– Pflaume
виногра́д	– Weintrauben

на огоро́де	– **im Gemüsegarten**
карто́фель / карто́шка	– Kartoffel
морко́вь / морко́вка	– Möhre
реди́с / реди́ска	– Radieschen
лук	– Zwiebel
зелёный лук	– Lauch
капу́ста	– Weißkohl
огуре́ц	– Gurke
помидо́р	– Tomate

– Како́е твоё люби́мое вре́мя го́да? – Welche Jahreszeit hast du am liebsten?
– Ле́то.   – Den Sommer.

Коробка-путешественница

На даче у Николаевых коробка так и не была́, хотя она объездила весь мир.

Вообще-то, коробка – настоящая путешественница. За свою долгую жизнь она перепро́бовала все виды транспорта. Вначале она приплыла́ на корабле из далёкой Африки на Украину. С Украи́ны она приехала на поезде в Россию, в город Петербург. Потом её привезли на маленькой легковой машине с красивым названием «Лада» в дом Гарика. Там она прожила́ несколько лет под столом. Затем она на самолёте прилетела в Германию. Здесь её, Гарика и его родителей доста́вили на небольшом автобусе в город Миров на улицу Юрия Гагарина. И, наконец, на плеча́х инженера Николаева она добрала́сь до чердака, где теперь и живёт.

И везде, где бы она ни жила, её принимали очень гостеприи́мно. На корабле у неё была отдельная каюта, а в поезде – отдельное купе. А до того, как она попала в дом Гарика, она жила в шикарной гостинице с личным охранником. Гостиница называлась «СКЛАД», и на дверя́х висела табли́чка: «Посторонним вход воспрещён!».

путеше́ствовать ... – (ver)reisen
... на самолёте – mit dem Flugzeug reisen
... на корабле́ – mit dem Schiff reisen

Glossar

так и не была́ – (sie) war jedoch nicht
хотя́ – obwohl
объе́здить весь мир – die ganze Welt bereisen
путеше́ственница – die Reisende
за свою́ до́лгую жизнь – während ihres langen Lebens
перепро́бовать – ausprobieren
вид – Art, Weise
далёкий – weit entfernt
прие́хать – ankommen
привезти́ – (mit dem Auto) mitgebracht werden
доста́вить – bringen, liefern
наконе́ц – endlich
на плеча́х – auf den Schultern
добра́ться – erreichen
принима́ть – empfangen
гостеприи́мный – gastfreundlich
отде́льный – getrennt
попа́сть – gelangen
шика́рный – schick, nobel
ли́чный охра́нник – Leibwächter
склад – Lager
табли́чка – Schild

е́хать ... – ... fahren
... на по́езде – mit dem Zug ...
... на авто́бусе – mit dem Bus ...
... на маши́не – mit dem Auto ...

путеше́ствовать →	путеше́ственник →	путеше́ственница
reisen →	der Reisende →	die Reisende

идти →	прийти́ –	gehen →	ankommen
е́хать →	прие́хать –	fahren →	(mit dem Fahrzeug) ankommen
лете́ть →	прилете́ть –	fliegen →	(per Luft) ankommen
плыть →	приплы́ть –	schwimmen →	(per Wasser) ankommen

Schilder – вы́вески
вход – Eingang → вы́ход – Ausgang
Посторо́нним вход воспрещён! – Unbefugten (ist der) Eintritt verboten!

Рыбки

В аквариуме плáвают рыбки. Много рыбок. Раз*, два, три, четыре, пять, шесть, семь, восемь, девять, десять, двадцать, тридцать, сорок, пятьдесят, сто. Всех этих рыбок нарисовал Гарик. Он нарисовал картинку и положил её под Новый год под ёлку**. Так Гарик хотел подсказать Деду Морозу***, что и́менно он хочет получить в подарок.

И Дед Мороз действительно подарил Гарику аквариум. Но с тех пор Гарик задýмался, умеет ли Дед Мороз считать. На картинке было сто рыбок, в аквариуме: раз, два, три... Три рыб-ки. Они были разного цвéта. Одна рыбка была красная, другáя жёлтая, а третья зелёная. Как на картинке. Но их было всего три. Может, у Деда Мороза нé было времени считать? В следу-ющий раз Гарик не будет рисовать. Он напишет: «Дед Мороз, подари мне, пожалуйста, сто рыбок!»

*   Wenn man auf Russisch zählt, beginnt man mit „раз“ *(ein Mal)*, die Zahl 1 (eins) heißt aber „один“.
**   In Russland bekommt man die Geschenke vom russischen Weihnachtsmann nicht zu Weihnachten, sondern zu Silvester.
*** Дед Мороз – Väterchen Frost – russischer Weihnachtsmann.

Glossar

всех этих ры́бок – all diese Fische
подсказа́ть – Hinweis geben
что и́менно – was genau
получи́ть в пода́рок – geschenkt bekommen
действи́тельно – tatsächlich
подари́ть – schenken
заду́маться – über (etw.) nachdenken
всего́ – insgesamt
не́ было вре́мени – wenig Zeit hatten
в сле́дующий раз – nächstes Mal

10	де́сять
20	два́дцать
30	три́дцать
40	со́рок
50	пятьдеся́т
100	сто

1 ры́бка
2, 3 или 4 ры́бки *(Genitiv Singular)*
5, 6, 100 ры́бок *(Genitiv Plural)*

| под Но́вый год | – | kurz vor Silvester *(Zeit)* |
| под ёлку | – | unter den Tannenbaum *(Ort)* |

писа́ть → написа́ть – schreiben → geschrieben haben
рисова́ть → нарисова́ть – malen → gemalt haben

Счёт

Коробка не знает, написа́л ли Гарик на следующий год письмо о рыбках. Но ей известно, что Гарик не всегда умел правильно считать. В коробке хранится старая контрольная работа по математике. В ней напи́сано:

Два плюс три будет шесть.

Семь минус четыре будет два.

Пять плюс семь будет одиннадцать.

Тринадцать минус восемь будет девять.

Один плюс один будет два.

Семнадцать минус десять будет десять.

А в конце этой контрольной работы стоит оценка «2»*.

О чём думал Гарик, когда писал эту контрольную работу? Наверное, о девочке Н.

* In Russland bedeutet die «2» schlecht und die «5» – ausgezeichnet.

Glossar

ей изве́стно – sie weiß Bescheid
не всегда́ – nicht immer
пра́вильно – richtig
храни́ться – wird aufbewahrt
ста́рая – alt
оце́нка – Note
ду́мать о – denken an (über)

в про́шлом году́	– voriges Jahr
в э́том году́	– dieses Jahr
в сле́дующем году́	– nächstes Jahr
на сле́дующий год	– nächstes Jahr

О чём ты то́лько ду́мал(а)? – Was hast du dir bloß dabei gedacht?

Дневник

А, может быть, Гарику просто не нравилась математика в школе? Каждое лето в коробке лежал портфель Гарика. А в нём: тетради, учебники, ручки, карандаши, ластик, линейка и, конечно же, дневник. Первого сентября портфель из коробки вынимали, а в конце мая клали его туда назад. Коробка помнит дневник Гарика за пятый класс. Она его так хорошо запомнила, потому что он был весь красный. В нём были записаны уроки на каждую неделю, с понедельника по пятницу. Рядом с каждым уроком было место для домашнего задания и оценки. Чего тут только не было!

Понедельник:	русский язык	*3*
	английский язык	*3*
	труд*	*5*
	Замечание учителя:	*Плохо вёл себя на уроке русского языка! Поведение – 2**
Вторник:	математика	*3*
	география	*4*
	физкультура	*5*
	Замечание учителя:	*Разговаривает на уроках! Поведение – 2*
Среда:	история	*4*
	музыка	*3*
	Замечание учителя:	*Подрался с мальчиком! Поведение – 2*
Четверг:	изобразит. искусство *5*	
	Замечание учителя:	*Не сделал домашнее задание по математике! Прилежание*** – 2*
Пятница:	русская литература	*4*
	математика	*3*
	ботаника	*4*
	Замечание учителя:	*Прошу родителей прийти в школу! Поведение – 2*

Ну вот, математика – не самый любимый предмет. Хуже только поведение! Как только из Гарика получился программист?

*   Werk-Unterricht gehört zum Lehrplan in der russischen Schule. Während des Unterrichts lernt man kochen, basteln, nähen und vieles mehr, was man im Haushalt später gebrauchen kann.

**   In Russland gehören zum Hausaufgabenheft nicht nur Hausaufgaben, sondern auch Noten, Verweise und Hinweise von den Lehrern. Auch Lerneifer und Betragen werden einmal pro Woche benotet.

*** Die Note für Lerneifer war davon abhängig, ob der Schüler alle Hausaufgaben immer gemacht hat oder nicht, wie aktiv er im Unterricht war usw.

Glossar

про́сто – einfach
коне́чно же – selbstverständlich
вынима́ть – rausnehmen
класть – hinlegen
туда́ – dorthin
наза́д – zurück
по́мнить – sich erinnern (noch wissen)
запо́мнить – sich merken
весь – ganz
замеча́ние – Verweis, Ermahnung
пло́хо вести́ себя́ – sich schlecht benehmen
поведе́ние – Betragen
прилежа́ние – Lerneifer
подра́ться – sich prügeln
проси́ть (прошу́) – bitten (ich bitte)
ну вот – also
ху́же – schlimmer
как то́лько – nur wie
получи́ться – werden

Im Schulranzen –
В портфе́ле:

тетра́дь – Heft
уче́бник – Lehrbuch
дневни́к – Hausaufgabenheft
ру́чка – Kugelschreiber
каранда́ш – Bleistift
ла́стик – Radiergummi
лине́йка – Lineal

Fächer – предме́ты:

матема́тика – Mathematik
исто́рия – Geschichte
геогра́фия – Geographie
бота́ника – Botanik
физкульту́ра – Sport
изобрази́тельное иску́сство – Kunst
труд – Werkunterricht
му́зыка – Musik

ру́сский язы́к – Russisch
неме́цкий язы́к – Deutsch
англи́йский язы́к – Englisch

по́мнить – sich erinnern (noch wissen)
запо́мнить – sich merken

хорошо́ → лу́чше – gut → besser
пло́хо → ху́же – schlecht → schlechter

Чего́ тут то́лько не́ было! – Was es hier nicht alles gab.

Музыкант

«До, ре, ми, фа, соль, ля, си»*, – было написано под чёрными точками с палочками. Эти точки были нарисованы на бумаге с линиями. Линий было пять. Кто-то рассказал коробке, что точки с палочками называются «нотами», а пять линий – «нотным станом». «До, ре, ми, фа, соль, ля, си» – это гамма. А странный значок слева на нотном стане называется «скрипичный ключ».

Родители Гарика хотели, чтобы он занимался музыкой. Гарик должен был выбрать себе музыкальный инструмент. В списке стояли: фортепиано, скрипка, гитара, аккордеон, баян, флейта. Но музыкальный инструмент так и не купили. После того, как Гарик спел «Во́ поле берёзка стояла»* на мотив песни «Калинка-Малинка»*, родители решили, что музыкальный инструмент им не нужен.

Нотные знаки

до ре ми фа соль ля си

---

*   Die Musiknoten heißen auf Russisch nicht wie Buchstaben des Alphabets „C, D, E" usw. sondern „do, re, mi" usw. also wie z.B. in Frankreich auch.

** «Во поле берёзка стояла» und «Калинка-Малинка» – zwei der bekanntesten russischen Volkslieder. Die Melodie von «Во поле берёзка стояла» ist langsam, die von «Калинка-Малинка» ist dagegen schnell, rhythmisch.

Glossar

бы́ло напи́сано – war geschrieben
то́чка – Punkt
па́лочка – Strich
бума́га – Papier
стра́нный – merkwürdig
значо́к – Zeichen
скрипи́чный ключ – Violinschlüssel (G-Schlüssel)
занима́ться – hier: lernen
вы́брать – auswählen
спи́сок – Liste
спеть – vorsingen
пе́сня – Lied
реши́ть – sich entscheiden
им не ну́жен – sie brauchen (es) nicht

игра́ть...   – ... spielen
... на фортепиа́но   – Klavier ...
... на скри́пке   – Geige ...
... на гита́ре   – Gitarre ...
... на аккордео́не   – Akkordeon ...
... на бая́не   – Ziehharmonika ...
... на фле́йте   – Flöte ...

Он пло́хо поёт, потому́ что ... – Er singt falsch, weil ...
    ... у него́ нет слу́ха   – ... er kein Gehör hat.
    ... у него́ нет го́лоса   – ... er keine Stimme hat.

Камушек

Маленький гладкий камушек – гордость коробки. Гарик его нашёл на море, когда он отдыхал в Со́чи* с родителями. Это разноцве́тный камушек. На нём можно найти разные цвета́: красный, зелёный, белый, чёрный, синий. Поэтому он так понравился Гарику, когда тот увидел его на берегу Чёрного моря.

Но коробка гордилась этим камушком не потому́.

Она слышала по телевизору, что в 2014** году в Сочи состоится зимняя Олимпиа́да. Спортсмены со всего света приедут сюда. Олимпийские игры уже проходили в России в 1980*** году, в Москве. Но это было давно. А теперь Олимпиаду будут проводить в Сочи.

Значит, коробка хранит не только воспоминания о прошлом, но и сувенир из будущего. Она не могла поверить своему счастью.

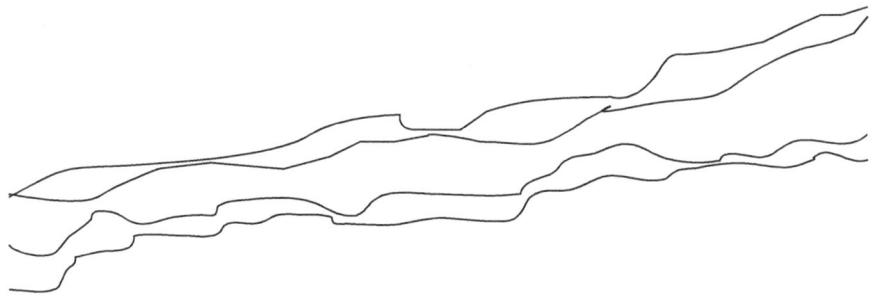

*   Die Stadt Sotschi ist der bekannteste russische Kurort am Schwarzen Meer.
**   в 2014 году – в две тысячи четырнадцатом году
*** в 1980 году – в тысяча девятсот восьмидесятом году

Glossar

гла́дкий – glatt
ка́мушек – Steinchen
го́рдость – Stolz
нашёл – hat gefunden
отдыха́ть – sich erholen
разноцве́тный – vielfarbig (bunt)
поэ́тому – deswegen
не потому́ – nicht deswegen
состоя́ться – stattfinden
зи́мняя Олимпиа́да – Olympische Winterspiele
со всего́ све́та – aus der ganzen Welt
сюда́ – hierher
проходи́ть – stattfinden
давно́ – vor langer Zeit.
проводи́ть – durchführen
зна́чит – das heißt
воспомина́ния – Erinnerungen
про́шлое – Vergangenheit
бу́дущее – Zukunft
пове́рить – glauben

прошлое   – Vergangenheit
настоящее – Gegenwart
будущее   – Zukunft

Я не могу́ пове́рить своему́ сча́стью! – Ich kann mein Glück gar nicht fassen!

Спорт

Гарик любил спорт. Раньше в коробке лежали и теннисные ракетки с мячиками, и боксёрские перчатки, и плавки, и кимоно с оранжевым по́ясом. Потом они куда-то исчезли, а в коробке появился баскетбольный мяч. Позже – коньки и хоккейная клю́шка с ша́йбой. Но и они совсем недо́лго оставались в ней. Через какое-то время в коробку попал футбольный мяч. Он и приехал с ней в Германию.

На мяче́ – чей-то авто́граф. Наверное, это и была причина, по которой его не оставили в России. Коробка не может разобрать по́дпись. Но она очень надеется, что это автограф напада́ющего или вратаря́ команды «Спартак». Коробке нравилось слышать по телевизору, как болельщики кричали: «Спартак!* Спартак! Гол! Гол! Гол!».

---

* „Spartak" – so heißen viele Sportvereine in Russland. Hier ist „Spartak Moskau", ein Fußballklub aus Moskau gemeint, der russische Rekordmeister.

Glossar

ра́ньше – früher
те́ннисная раке́тка – Tennisschläger
мя́чик – (Tennis-)ball
боксёрские перча́тки – Boxhandschuhe
пла́вки – Badehose
по́яс – Gürtel
исче́знуть – verschwinden
появи́ться – erscheinen
по́зже – später
коньки́ – Schlittschuhe
клю́шка – Hockeyschläger
ша́йба – Puck
совсе́м недо́лго – ganz kurz
попа́сть – gelangen
причи́на – Grund
разобра́ть – entziffern
по́дпись – Unterschrift
наде́яться – hoffen
крича́ть – schreien

Fußball – футбол:

мяч	– Ball
воро́та	– Tor
кома́нда	– Team
напада́ющий	– Stürmer
защи́тник	– Verteidiger
врата́рь	– Torwart
боле́льщик	– Fan
Гол!	– Tor!

игра́ть ...	– ... spielen
... в баскетбо́л	– Basketball ...
... в волейбо́л	– Volleyball ...
... в те́ннис	– Tennis ...
... в хокке́й	– Hockey ...

занима́ться ...	– ... (Sport) treiben, üben
... бо́ксом	– boxen
... карате́	– Karate machen
... дзюдо́	– Judo machen
... пла́ваньем	– schwimmen gehen

Настольные игры

Кро́ме э́того, Гарик умел играть в шахматы. В коробке хранились старая шахматная доска и фигуры. Шахматы – это вид спорта! Коробка до сих пор не может в это поверить. Хотя она точно слышала по телевизору, как Га́ри Каспа́рова и Анато́лия Ка́рпова* называют «мастерами спорта по шахматам». Но она всё равно сомневается.

А ещё в коробке лежат шашки, карты, домино́, на́рды, карточки для лото́ **. Семья Николаевых любит играть в настольные игры. Когда коробка ещё стояла под столом в Петербурге, она не ра́з наблюдала, как Николаевы играли «в дурака»***: вале́т, дама, король, туз, шестёрка, семёрка, бу́бны, пики, – и ты «в дураках». Ах, как интересно!

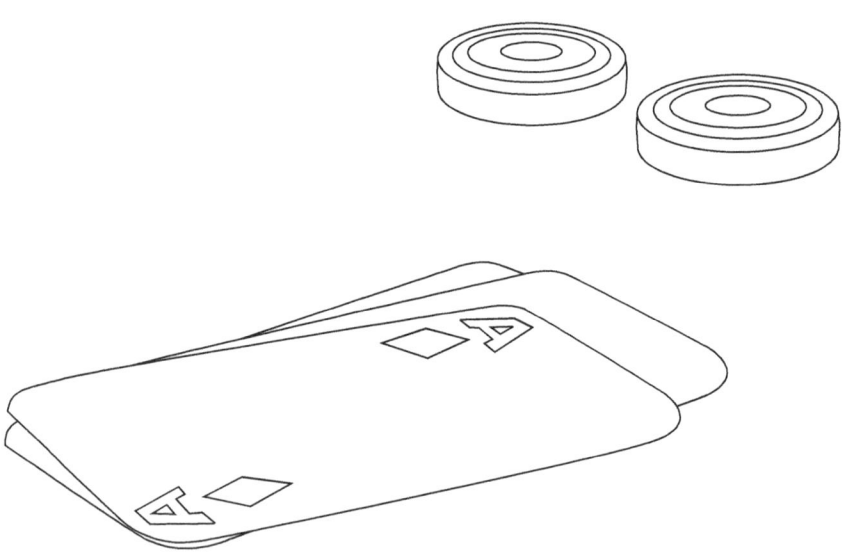

Glossar

кро́ме э́того – außerdem
до сих по́р – immer noch
пове́рить – glauben
всё равно́ – trotzdem
сомнева́ться – zweifeln
ша́шки – Dame
ка́рты – Spielkarten
на́рды – Backgammon
насто́льные и́гры – Tischspiele
не ра́з – oft
наблюда́ть – beobachten
вале́т – Bube
туз – Ass
шестёрка – die Sechs (beim Kartenspielen)
бу́бны – Karo
ты «в дурака́х» – du hast verloren

игра́ть ...   – ... spielen
... в ша́хматы – Schach ...
... в ша́шки   – Dame ...
... в лото́   – Bingo ...
... в на́рды   – Backgammon ...
... в ка́рты   – Karten ...

Vorsicht! Nicht verwechseln!
не ра́з   – oft
ни ра́зу – kein einziges Mal

Подсолнухи

В коробке лежат подсо́лнухи. Не настоящие, конечно, а нарисованные. И нарисовал их не Ван Гог, а Гарик. И не потому что, он хотел стать известным художником, как Ван Гог. А потому, что это было домашнее задание.

В школе задали нарисовать любимые цветы. В основном, дети рисовали тюльпаны, розы или рома́шки. Эти цветы очень красивые и хорошо па́хнут. А Гарик нарисовал подсолнухи. Учительница спросила: «Почему ты нарисовал подсолнухи? Тебе нравится, что они похожи на солнце?» Гарик удивился: «Нет. Вы же просили нарисовать любимые цветы, а я очень люблю се́мечки!»

А семечки Гарик действительно очень любил. В Петербурге их можно было купить на углу дома, где они жили. Семечки были завёрнуты в кулёчек, который был сделан из газеты. Продавала их старая бабушка. Но с тех пор, как родители Гарика приехали в Германию, они больше семечки не покупали. Может быть, потому, что в Германии просто нет старых бабушек? Или газет, из которых можно сделать кулёчки для семечек?

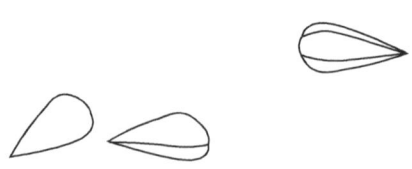

Glossar

подсо́лнух – Sonnenblume
нарисо́ванные – gemalte
зада́ть – (Hausarbeit) aufgeben
люби́мые – lieblings-
в основно́м – im allgemeinen
рома́шка – Kamille
па́хнуть – riechen
похо́ж на – sieht aus wie
удиви́ться – sich wundern
се́мечки – Sonnenblumenkerne
действи́тельно – wirklich, in der Tat
мо́жно было купи́ть – man konnte kaufen
завёрнут – eingewickelt
кулёчек – Tütchen
продава́ть – verkaufen
с тех по́р, как – seitdem

Blumen – цветы́
тюльпа́ны – Tulpen
ро́зы – Rosen
пио́ны – Pfingstrosen
рома́шки – Margeriten
подсо́лнухи – Sonnenblumen

Мороженое

Ещё коробка знает, что Гарик любил моро́женое с шоколадом и оре́хами. Однажды Гарик ел мороженое у себя в комнате в Петербурге. Вдруг оно ка́пнуло прямо на коробку, которая тогда стояла под столом. Мороженое с коробки сразу вытерли, но она успела запомнить вкус. Ах, какое сладкое мороженое!

А ещё вкусным и сладким был крем из заварно́го пиро́жного*. На коробку крем никогда не падал. Но ей рассказал об этом стол, под которым она стояла.

О вкусе конфет** и леденцо́в, печенья и пря́ников, клубничного и малинового варенья, апельсинов и мандаринов, а также красивых торто́в с ро́зочками из масла** коробка может только догадываться.

---

*   заварное пирожное – russisches Gebäck mit einer Creme, ähnlich wie Èclair

**   Unter „конфеты“ versteht man im Russischen nicht nur Pralinen oder Konfekt, sondern auch Bonbons usw.

*** In Russland werden hauptsächlich nicht Kuchen, sondern Torten, oft mit Buttercreme verkauft.

Glossar

оре́хи – Nüsse
есть (*Vergangenheit* ел) – essen
ка́пнуть – tropfen
пря́мо – direkt
вы́тереть – wegwischen
успе́ла (*Infinitiv*: успе́ть) – hat geschafft (*zeitlich*)
запо́мнить – sich merken
вкус – Geschmack
заварно́е пиро́жное – Èclair
па́дать – hinfallen
ро́зочка – Rösslein
леденéц – Lutscher
дога́дываться – erahnen

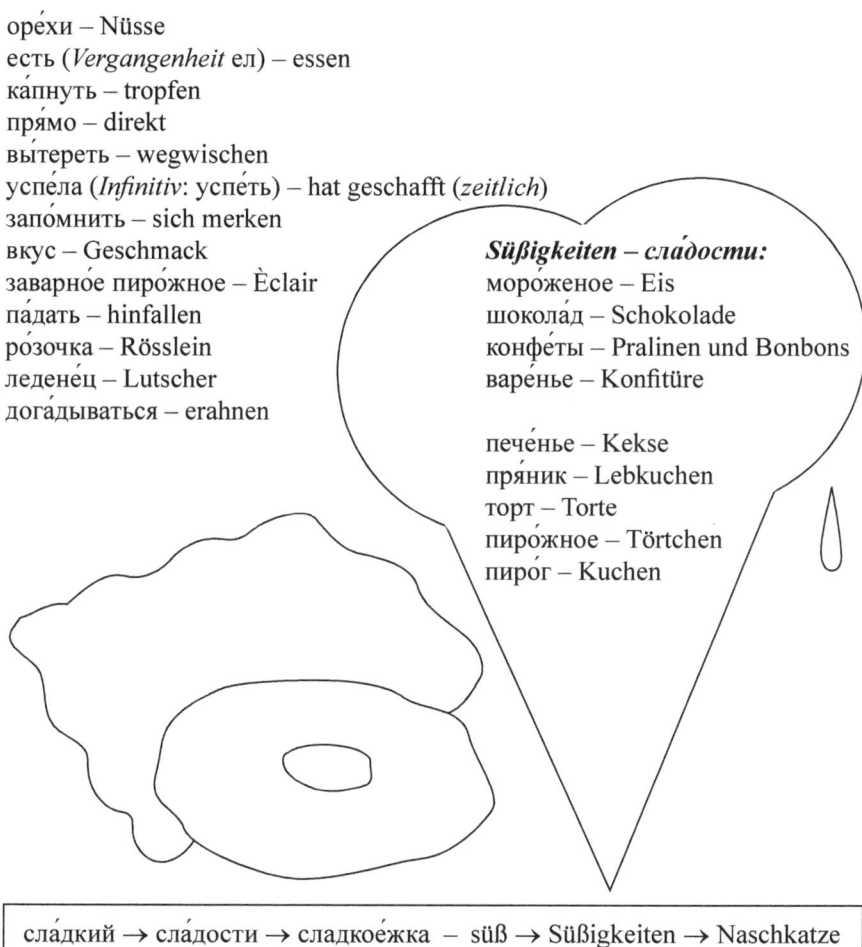

Süßigkeiten – сла́дости:
моро́женое – Eis
шокола́д – Schokolade
конфе́ты – Pralinen und Bonbons
варе́нье – Konfitüre

пече́нье – Kekse
пря́ник – Lebkuchen
торт – Torte
пиро́жное – Törtchen
пиро́г – Kuchen

сла́дкий → сла́дости → сладкое́жка – süß → Süßigkeiten → Naschkatze

вкус → вку́сный – Geschmack → schmackhaft (lecker)

Вку́сно? – Schmeckt es?
О́чень вку́сно! – Es schmeckt sehr gut!

Одежда

В коробке лежит пакет с одеждой. Это старые вещи Гарика и его родителей. Когда родители Гарика приехали в Германию, они привезли эту одежду с собой. Но Гарик вы́рос. Инженер Николаев попра́вился. А мама Гарика похуде́ла. Вещи больше не годились, но выбра́сывать их было жалко. Поэтому их положили в коробку.

Чего тут только нет! Джинсы Гарика, галстук, три футболки разного цвета, чёрное вечернее платье, короткая юбка, белая рубашка, светлый пиджак с карма́нами, длинная юбка, тёмные брюки, сире́невая блузка, свитер, летнее платье, шорты. «Только ещё шубы, шапки-уша́нки* и ва́ленок** тут не хватает!» – думает коробка.

Среди этих вещей лежит мыло. Когда-то оно очень хорошо па́хло. А теперь оно просто там лежит. Но это уже другая история.

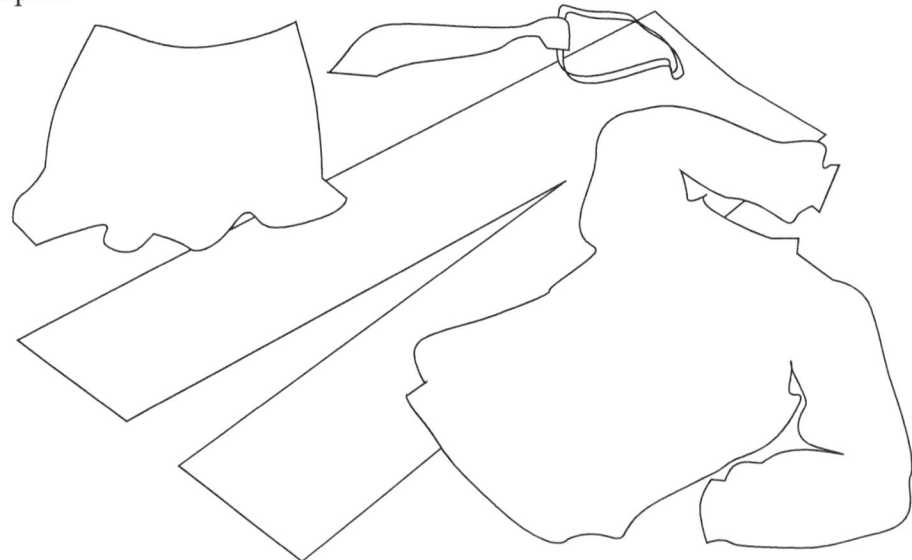

*   шапка-ушанка – traditionelle russische Pelzmütze mit den Ohrenklappen
** валенки – sehr warme Filzstiefel, werden traditionell in den russischen Dörfern während der kalten Jahreszeit getragen, auch heutzutage.

Glossar

оде́жда – Kleidung
ве́щи – Sachen, Kleidung
привезти́ с собо́й – mitbringen
годи́ться – passen
выбра́сывать – wegschmeißen
жа́лко – (es ist) schade
карма́н – Jackentasche
сире́невый – lila
не хвата́ет – (es) fehlt
среди́ – mitten unter
мы́ло – Seife
па́хнуть – riechen
друга́я исто́рия – andere Geschichte

дли́нный – lang
коро́ткий – kurz
све́тлый – hell
тёмный – dunkel

Kleidung – оде́жда oder ве́щи:

пла́тье – Kleid
ю́бка – Rock
блу́зка – Bluse

руба́шка – Hemd
брю́ки (*immer Plural*) – Hose

джи́нсы (*immer Plural*) – Jeanshose
сви́тер – Pullover

пальто́ (*wird nicht dekliniert*) – Mantel
плащ – Regenmantel
шуба – Pelzmantel
ша́пка – Mütze
шарф – Schal

Чего́ тут то́лько нет! – Was es hier nicht alles gibt!

Тут ещё то́лько шу́бы не хвата́ет! – Es fehlt nur noch ein Pelzmantel! (ironisch)

Это уже́ друга́я исто́рия! – Das ist schon eine andere Geschichte!

Мыло

Мыло лежит среди старых вещей в коробке почти десять лет. Обычно мыло так долго не живёт. Его покупа́ют, приносят в ванную комнату, кладут около умывальника. И постепенно мыло исчезает. Но в ванной у него очень интересная жизнь.

Соседи мыла: мочалки, зубные щётки и пасты, расчёски и шампуни, маленькие и большие полотенца, – чем-то постоянно за́няты. Кроме того, в ванную всё время кто-то заходит.

Утром – почистить зубы, умыться, вытереть руки полотенцем, причеса́ться, посмотреть на себя в зеркало. Днём – помыть руки, прополоскать рот. Вечером – принять душ или ванну и опять почистить зубы.

Всего этого мыло, которое лежит среди вещей в коробке, так и не увидело. Но зато́ оно долго живёт, почти десять лет.

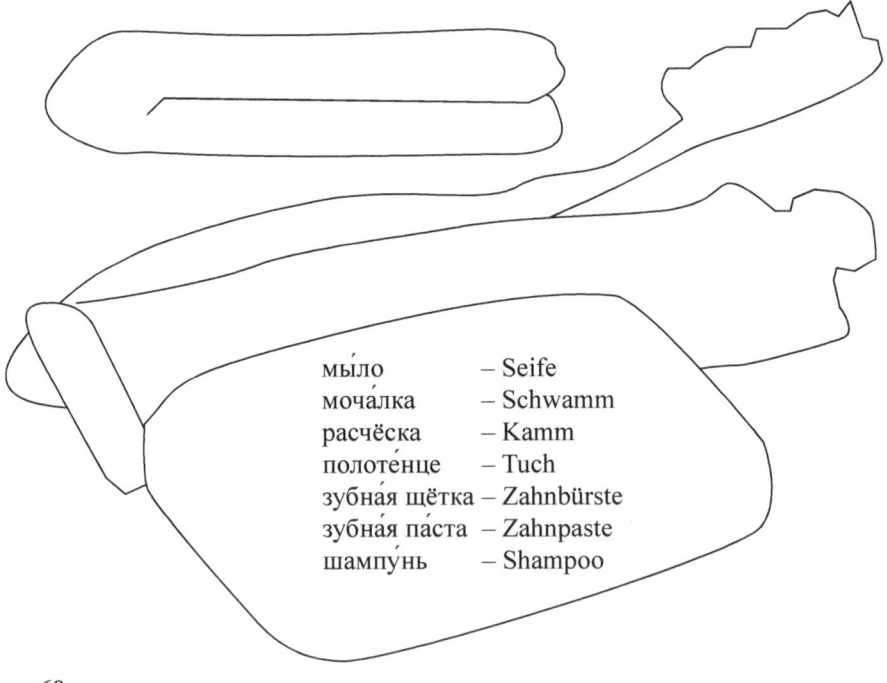

мы́ло	– Seife
моча́лка	– Schwamm
расчёска	– Kamm
полоте́нце	– Tuch
зубна́я щётка	– Zahnbürste
зубна́я па́ста	– Zahnpaste
шампу́нь	– Shampoo

Glossar

так до́лго – so lange
покупа́ть – kaufen
принести́ – (mit)bringen
класть – hinlegen
постепе́нно – nach und nach
исчеза́ть – verschwinden
сосе́д – Nachbar
вы́тереть – abtrocknen
постоя́нно – ständig
за́нят – (ist) beschäftigt
всё вре́мя – die ganze Zeit
заходи́ть – reinkommen
причеса́ться – sich kämmen
посмотре́ть на себя – sich anschauen
прополоска́ть – spülen
опя́ть – wieder
зато́ – dafür
почти́ – fast

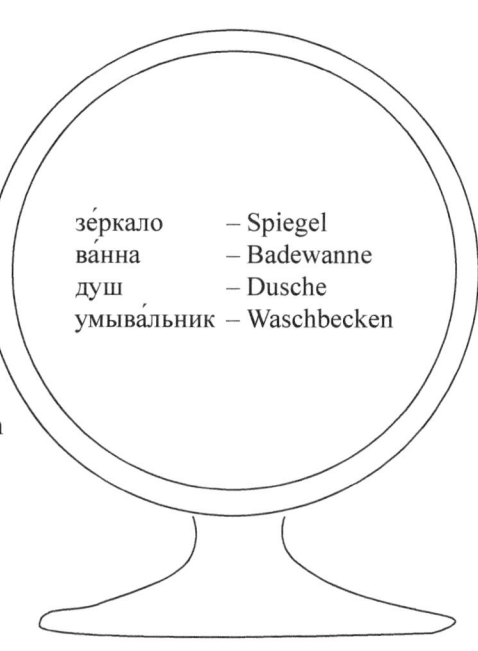

зе́ркало – Spiegel
ва́нна – Badewanne
душ – Dusche
умыва́льник – Waschbecken

ва́нна → ва́нная – Bad →Badezimmer

купа́ться – baden
умыва́ться – sich das Gesicht waschen
расчёсываться – sich kämmen
бри́ться – sich rasieren

чи́стить зу́бы – Zähne putzen
мыть ру́ки – Hände waschen
вы́тереть ру́ки – Hände abtrocknen
приня́ть душ – sich duschen
приня́ть ва́нну – ein Bad nehmen

Акцент

У коробок не быва́ет проблем с иностранными язы́ками. Где они стоят, на том языке́ и говорят. У них вообще нет проблем с языком. Вот, например, скороговорку «Шла Саша по шоссе́ и соса́ла су́шку» наша коробка может повторить сто раз и не запутаться. Она не знает, что такое «шоссе» и «сушка», но пой-мёт эти слова на всех языках мира без проблем.

А вот у людей всё не так. Гарик приехал в Германию, когда был маленьким мальчиком. Поэтому он, как и коробка, говорит на немецком и на русском без ошибок и без акцента. Но инже-нер Николаев и его жена так и не научились правильно произ-носить «Ü, Ä, Ö» и слово «ich». Поэтому, когда они говорят на немецком, коробке очень смешно.

Но ещё смешнее, когда к ним в гости приходит их друг, Кла-ус. Клаус учит русский. Он говорит «Как дьила? У мьинья всьо карашо! » А ещё у него не получается сказать слово «птица» и «вместе». И он путает слова «дедушка» и «девушка».

Но, несмотря на это, Клаус и инженер Николаев – хорошие друзья. Коробка очень рада, что разные акценты и языки не мешают их дружбе.

сказа́ть – sagen		ру́сском языке́
говори́ть – reden		неме́цком языке́
рассказа́ть – erzählen		англи́йском языке́
		францу́зском языке́
произнести́ – aussprechen	на	япо́нском языке́
повтори́ть – wiederholen		кита́йском языке́
		италья́нском языке́
		испа́нском языке́

Glossar

не быва́ет – gibt es nicht
иностра́нный язы́к – Fremdsprache
скорогово́рка – Zungenbrecher
шоссе́ – Landstraße
соса́ть – lutschen
су́шка – Kringel (trockenes Gebäck in Form von Kringeln)
повтори́ть – wiederholen
запу́таться – verwirrt (werden)
поймёт – wird verstehen
языки́ ми́ра – Sprachen der Welt
не так – anders
без оши́бок – ohne Fehler
произноси́ть – aussprechen
смешно́ – (es ist) lustig
у него́ не получа́ется – er schafft es nicht
пу́тать – verwechseln
несмотря́ на э́то – abgesehen davon
меша́ть – stören

говори́ть (сказа́ть, повтори́ть) по-ру́сски … – Russisch … sprechen
… с акце́нтом   – … mit Akzent …
.... без акце́нта – … ohne Akzent …
… с оши́бками – … mit Fehlern …
… без оши́бок – … ohne Fehler …
… хорошо́   – … gut …
… плохо́   – … schlecht …

говори́ть по-неме́цки с ру́сским акце́нтом – Deutsch mit russischem
                                        Akzent sprechen
говори́ть на бава́рском диале́кте – bairischen Dialekt sprechen

---

Zungenbrecher:
На дворе́ трава́, на траве́ дрова́. – Auf dem Hof ist Gras, auf dem Gras ist Holz.
У ежа́ – ежа́та, у ужа́ – ужа́та. – Der Igel hat Baby-Igel, die Natter hat Baby-Nattern.